江苏省社会科学基金项目（22JYB001)
江苏大学专著出版基金资助出版
江苏大学五棵松文化丛书

RESEARCH ON THE INFLUENCE OF UNIVERSITY TEACHERS' FAIRNESS PERCEPTION ON INNOVATION ABILITY IN THE NEW ERA

黄婷　著

新时代我国高校教师公平感知对创新能力的影响研究

江苏大学出版社
JIANGSU UNIVERSITY PRESS
镇　江

图书在版编目(CIP)数据

新时代我国高校教师公平感知对创新能力的影响研究/黄婷著. —镇江：江苏大学出版社，2022.12
ISBN 978-7-5684-1941-3

Ⅰ. ①新… Ⅱ. ①黄… Ⅲ. ①高等学校—教师—创造能力—研究 Ⅳ. ①G645

中国版本图书馆 CIP 数据核字(2022)第 256201 号

新时代我国高校教师公平感知对创新能力的影响研究
Xinshidai Woguo Gaoxiao Jiaoshi Gongping Ganzhi dui Chuangxin Nengli de Yingxiang Yanjiu

著　　者/黄　婷
责任编辑/王　晶
出版发行/江苏大学出版社
地　　址/江苏省镇江市京口区学府路 301 号(邮编：212013)
电　　话/0511-84446464(传真)
网　　址/http://press.ujs.edu.cn
排　　版/镇江市江东印刷有限责任公司
印　　刷/江苏凤凰数码印务有限公司
开　　本/890 mm×1 240 mm　1/32
印　　张/6.375
字　　数/182 千字
版　　次/2022 年 12 月第 1 版
印　　次/2022 年 12 月第 1 次印刷
书　　号/ISBN 978-7-5684-1941-3
定　　价/40.00 元

前 言

党的二十大报告首次把教育、科技、人才进行“三位一体”统筹安排，为高等教育改革创新和高质量发展提供了前所未有的政策支持和历史机遇。创新能力是我国高校教师的必备素质，是我国高校的核心能力之一，是我国高校参与国际竞争的核心竞争力，因此，创新能力的培育一直是我国高等教育界关注的焦点。在当前复杂的国际局势和不断发展的社会环境下，教师创新能力的开发既是我国高校管理改革的一个重要目标，也是关系国家发展战略规划实施的一个重要环节。长期以来，我国政府和高校在高校教师创新能力的开发上不遗余力，投入了大量的资源，取得了一定的进展，但与预期目标间仍存在较大的差距，高校教师的创新能力仍不能完全适应我国高校改革的步伐，这类状况在其他国家的高校中也普遍存在并受到关注。

公平是人类社会的共同理想，高校教师作为知识分子群体，对公平有天然的偏好。公平感知是高校教师创新能力成长的一个不可或缺的动力源。当前，我国高校教师的公平感知仍存在较大的拓展空间，因而其对创新能力的成长也存在较大的驱动空间。

本书基于公平理论、组织行为理论、质化研究、实验经济学等基础理论，探讨高校教师公平感知对创新能力驱动的微观机理，同时考虑组织支持和组织认同等组织行为的影响，发现高校教师公平感知在创新能力驱动中的优势和不足，提出了高校教师公平感知对创新能力驱动的路径，从而推进我国高校教师创新能力的成长。主要内容如下：首先，利用实验研究，证明高校教师公平感知对创新能力驱动效应的存在性。其次，在实验研究的基础上，利用扎根理论研究，形成高校教师公平感知对创新能力驱动的理论模型。再其次，在扎根理论研究的基础上，通过理论模型构建研究模型。然后利用我国高校教师的样本数据，对本书设计的基本研究模型和中介效应研究模型进行检验，并从管理意义的视角对未通过检验的指标和假设进行分析。最后，在研究模型检验的基础上，提出我国高校教师公平感知对创新能力驱动的具体培育路径，以及公平感知下高校教师组织行为的优化路径和创新能力的自我完善路径。

本书的出版得到了江苏大学出版社、江苏大学原副校长、管理科学与工程学科带头人梅强教授和江苏大学管理学院教师的大力支持和指导，江苏大学教师教育学院陆道坤教授的支持和课题组封云、支良泽、孙建莹、陈雨彬等老师的协助，以及兄弟院校同仁的帮助，在此一并表示衷心的感谢！

高校教师公平感知与创新能力之间的关联是一个复杂的体系，由于作者水平有限，书中不当之处、未尽之处在所难免，敬请读者批评指正。

著　者

2022 年 12 月

目　录

第 1 章　导论

我国自古就有朴素的公平思想“不患寡而患不均”，组织成员的公平感知对于组织的稳定、发展，以及成员对组织的忠诚度、贡献度都有着重要影响，进而对成员工作态度和工作绩效产生作用，其关系到组织的长远发展。创新能力是我国高校教师的必备素质，是我国高校的核心能力之一，是我国高校参与国际竞争的核心竞争力，高校教师创新能力的开发成为我国高校管理改革的一个核心目标。公平感知的培育是驱动高校教师创新能力成长的一个关键渠道，因此，加快高校教师公平感知的培育，进而驱动高校教师创新能力的提升，成为当前我国高校发展的一个重要战略方向。

1.1　研究背景

1.1.1　创新能力的开发是高校教师素养提升的核心之一

创新能力是高校教师的重要素养，创新能力的开发是高校教师素养提升的核心之一，已经引起我国社会和教育界的高度关注。高校教师的创新能力不是静态的能力，而是一种不断超越自我、深化自我、拓展自我的动态能力，体现在教学、科研、社会服务三个主要方面；创新能力不仅是高校教师的核心素养，也是我国高校的一项主体知识资本[1]。

我国政府对高校教师创新能力的开发进行了宏大而细致的战略部署。2015 年 5 月，国务院办公厅印发了《关于深化高等学校创新创业教育改革的实施意见》，旨在进一步提高高校教师开展创新创业教育的意识和能力。2015 年 10 月，国务院印发了《统筹推进世界一流大学和一流学科建设总体方案》，将创新驱动作为我国高校战略发展的导向，以加快实现建成一批世界一流大学和一流学科的宏伟目标。2018 年 11 月，教育部印发了《新时代高校教师职业行为十项准则》，对高校教师勇于探索的创新能力培育提出了更高的要求。2021 年政府工作报告提出，“促进科技创新与实体经济深度融合，更好发挥创新驱动发展作用”。参加 2021 年全国两会的代表委员认为，“十四五”时期应强化国家战略科技力量，完善科技创新体制机制，激发人才创新活力，奋力突围破解“卡脖子”难题；高等学校应从自身体制机制改革入手，进一步增强教师创新能力，从而在人才培养、科学研究等方面做出更大的贡献。

近年来，创新能力的开发已经成为我国高校管理改革的战略目标之一，也是我国高校需要攻克的难关，备受我国高校的重视。首先，在新的时代，创新能力是高校教师所应具备的一项基础性能力，只有具备一定的创新能力，才能胜任自己的基本工作[2]。如果缺乏创新能力，随波逐流，就不是一名合格的高校教师。其次，高校教师创新能力的开发是培养创新创业型学生的前提[3]。高校是人才培养的重要基地，大学生逐渐成为创新创业队伍的一支主力军，这就对高校教师的素质和能力提出了新的要求，需要其加强创新能力的培养。大学生创新创业能力的培养质量在很大程度上取决于高校教师的创新水平。再其次，高校教师创新能力的开发是我国高校转型发展的核心内容之一，融合于高校的各项管理改革之中，成为高校管理改革的重要标杆和指南[4]。最后，高校教师创新能力的开发是我国教育改革的基本要求，是我国从高等教育大国向高等教育强国转变的关键，是我国高校提高国际影响力和竞争力的法宝[5]。如果我国高校教师的创新能力较低，那么，我国高校与西方发达国家高校的差距将越来越大，国家核心竞争力也将受到影响。

改革开放以来，我国高校教师创新能力获得了很大的提高，这一点毋庸置疑。然而，高校教师创新能力培育中还存在不少问题，阻碍了其创新能力的成长，这也有目共睹。在教学领域，部分教师理念陈旧、方式落后、照本宣科，满足于不求有功、但求无过。在科研领域，部分教师望而却步、伪造抄袭、巧立名目，缺乏严谨的治学精神，存在学术不端的现象。在社会服务领域，部分教师临渊羡鱼、畏葸不前、故步自封，缺乏足够的勇气和能力。这些情况严重制约了我国高校教师创新能力的提高，当然不止我国，其他国家的一些高校也存在这方面问题，因而引起许多发达国家和发展中国家的关注。虽然这些现象并非我国高校教师的主流特征，但也不能否认它们的破坏性和阻碍性。千里之堤溃于蚁穴，若不加以重视、任其发展下去就有可能导致我国高校的创新机制遭受重创。

因此，借鉴高等教育发达国家的有益经验，加大对我国高校教师创新能力的开发力度，不仅是我国高校教师提升综合素质的共同追求，也是解决人民群众日益增长的对高质量高等教育的需求与我国高校教育发展不平衡不充分之间矛盾的一个重要方式，更是关系我国高等教育世界影响力提升等国家发展战略规划实施的一个重要环节，成为我国高等教育发展中引人注目的方向。

1.1.2 公平感知是驱动高校教师创新能力成长的重要动力

高校教师创新能力的驱动途径较多，而公平驱动是一条重要的途径。高校教师是一个特殊的群体，对公平具有天然的追求。如果感受到公平的存在，他们就会充分发挥自己的潜力、迸发出工作生活的活力，不断地突破自己、战胜自己，锐意进取、精益求精。反之，如果感受到不公平的存在，他们就会产生懈怠、抵触、悖逆情绪，甚至自甘沉沦、不思进取。公平感知的驱动价值，不仅在我国高校有所体现，在其他国家的高校也有具体体现，为各国高等教育界以及社会所关注。

公平偏好是人类的基本天性，公平偏好下的矛盾是人类社会所面临的一项基本矛盾，几千年来伴随着人类社会的发展和成长，追求公平成为推动人类文明发展的重要动力。公平问题存在于经济社会发展的各个领域，许多经济社会问题的解决都需要以解决公平问题为前提。公平是社会科学研究的重点方向，与一些社会科学的重要问题交织在一起，成为社会科学发展的引擎之一。

公平是我国社会主义制度的本质性要求，没有公平，就没有社会主义。2021 年 10 月，习近平主席在中华人民共和国恢复联合国合法席位 50 周年纪念会议上发表重要讲话时指出，“公平正义是我们的共同理想”。公平正义体现在国际秩序、经济秩序、社会治理等方面。国家治理的推进，就是解决一系列公平矛盾、克服一系列公平难关的过程，将公平的价值理念转化为科学的机制设计，再将科学的机制设计转化为现实的制度安排，最终凝聚成能够促进社会主义成长的不竭动力[6]。

党的十八大全面而深刻地阐释了公正价值的内涵，强化了公正在社会主义核心价值观中的地位。党的十九届四中全会将“健全社会公平正义法治保障制度”作为中国特色社会主义建设的重要任务之一。党的二十大报告指出，中国式现代化是全体人民共同富裕的现代化，强调着力维护和促进社会公平正义，着力促进全体人民共同富裕，坚决防止两极分化。

公平激励在管理学领域的应用极为广泛，任何激励机制的设计都与公平需求或公平偏好存在着千丝万缕的联系。在很多体制、环境、时空范围内，公平激励的效应一直在发生作用，许多激励机制的设计、实施和推广其实是公平激励的变种。公平激励不仅可以应用于个人，也可以应用于团队和组织。数十年来，公平激励在理论探索和实践应用方面交错发展，不断萃集新的思想和理念，对管理学的发展产生了巨大的促进作用。事实证明，公平激励在各个管理领域都蕴含着巨大的潜在价值，可以作为管理驱动的重要动力源。

我国高校一直在推行公平制度和文化的建设，将公平思想和理念融于各项改革之中，目的在于进一步开发高校教师的创新能力，建设一流的师资队伍。在公平正义价值理念的驱动下，我国高校的公平制度建设在步步深入，各高校力图通过公平机制来提高高校教师的创新能力，提升我国高校在全球教育系统中的位置。

1.2 国内外研究综述

1.2.1 高校教师公平感知研究

公平诉求是我国高校教师的基本追求，公平机制优化也是我国高校管理的核心内容，我国在高校教师公平感知方面已有较多的研究成果。

首先，高校教师公平激励的重要性引起了关注。连铸淡（2011）阐释了公平理论在高校教师管理中的重要作用，认为我国高校教师普遍存在着不公平感，从而抑制了高校教师的创新精神[7]。刘宇文、王方（2021）在公平理论视角下探讨了高校教师的激励机制和政策路径，指出高校教师是一个特殊的群体，对公平存在着天然的追求[8]。

其次，高校教师公平激励的路径得到了探讨。郁隐梅、姬长英（2014）阐释了公平理论在高校教师绩效评价和绩效提升中的作用，指出我国高校应加强对高校教师公平感知的培育，重视公平偏好的激励价值，并将公平激励机制融入我国高等教育的改革之中[9]。许丹（2017）基于公平感视角研究了高校青年教师绩效阻力的化解问题，探讨了通过缓解不公平感提升高校青年教师绩效的具体路径，倡导我国高等院校应重视高校教师的公平激励推进问题[10]。

再其次，高校教师公平感知的提升对职业倦怠感的影响得到了探讨。卢光莉、陈超然（2013）研究了高校教师组织公平感对工作倦怠的影响，通过对600名高校教师的样本检验，发现高校教师的组织公平感与工作倦怠感之间存在着显著的负相关关系[11]。石海梅、杨文博、于海琴（2013）研究了高校教师组织公平感对职业倦怠的影响，发现组织公平感与组织支持感之间存在着显著的正相关关系[12]。

最后，高校教师公平感知的培育对工作绩效的影响得到了探讨。陈悦、刘金培（2016）研究了高校教师组织公平对工作绩效的影响，发现组织公平的三个维度对高校教师的工作绩效提高存在着显著的促进作用[13]。宋爱军（2017）研究了高校组织公平对教师敬业度的影响，发现当高校教师组织公平感知较高时，就会以更为敬业的态度进行工作，其中，互动公平对高校教师敬业度的影响最为显著[14]。

在西方高校教师激励研究中，公平激励是一个经久不衰的话题。Rittner J（2020）指出，高校教师是一个特殊的群体，公平激励的路径和方式与其他群体存在着差异，只有构建适应不同教育环境的公平激励体系，才能深刻揭示公平激励的微观机理[15]。Poekert P E，Swaffield S，Demir E K 等（2020）指出，对公平的追求是高校教师的天性，也是高校管理所要重点关注的问题，高校教师的公平诉求包括分配公平、程序公平、人际公平、信息公平等多种形式[16]。Bunn M，Bennett A（2020）阐释了西方高等教育改革中公平驱动的内在机理，分析了西方高校教师公平偏好的影响因素，指出了西方高校教师公平感知培育的方向，强调了公平驱动是保持高校教师工作活力的重要动力源[17]。

可见，无论中外，公平激励都是高等教育改革和高校教师管理的一项核心内容，它不仅可以降低职业倦怠感、提高敬业精神，还可以提升工作绩效。因此，公平感知的培育路径一直是高校管理研究的热点。

1.2.2　高校教师创新能力研究

高校教师创新能力是高校教师的必备素质，缺乏创新能力的高校教师可能跟不上时代的步伐，也很难胜任本职工作。因此，高校教师创新能力研究是高等教育研究的一个重点方向。

首先，高校教师创新能力培育的重要性得到了阐释。刘爱华（2015）指出，高校教师的创新能力在一定程度上决定了高校的综合竞争力，决定着创新型人才的培养水平和未来发展潜力，因此，高校应将高校教师创新能力的培育作为高校转型和改革的核心目标[18]。叶磊（2020）指出，在新的形势下，创新能力是高校教师的灵魂，也是决定我国高等教育改革成败的因素之一[19]。

其次，我国高校教师创新能力的培育和提高目前受到了一些非积极因素的影响。张蓉、冯展林（2017）探讨了高校教师创新能力培育的阻碍因素，包括不公正的评聘与晋升制度、对国外大学某些机制的盲目借鉴、对学术氛围功利化的监管缺失[20]。刘华海（2017）认为，我国高校教师创新能力不足的主要原因有：师资引进过于注重学历、教学和实践需求的严重脱节、教师的校内教学实践任务过于繁重、科研评价指标过于烦琐[21]。王丽亚（2021）认为，我国高校教师创新能力的培育缺乏持久性，时断时续，同时定位不明确，过度重视科研创新能力，忽略了教学创新能力，且对社会服务创新能力缺乏应有的关注[22]。

再其次，高校教师创新能力的培育路径是高校教师创新能力研究的重点。方阳春、贾丹、方邵旭辉（2015）从包容型人才开发的视角探讨了高校教师创新行为开发的路径，提出了包容型人才开发模式对高校教师创新能力的驱动策略[23]。吴琴、吴大中、吴昕芸（2015）探讨了高校青年教师科技创新能力的提升对策，包括构建科技创新研究中心、引导青年教师积极申报科技创新项目、鼓励青年教师多发表高质量科研论文、加大发明专利的资助力度、构建多学科创新团队、积极推进科技成果转化和产业化等[24]。程雄、吕建秋、王利英等（2017）从政府、高校、企业三个方向探讨了激励高校教师创新的路径，包括加强政府统筹、营造协同创新氛围、改革科研绩效考核评价体系、构建长效激励机制、改进利益分配方式[25]。董彦邦、刘莉（2021）基于C9高校312份高校教师的样本数据，探讨了科研评价的目的、方法、程序对高校教师创新行为的影响，建议我国高校切实改革评价导向，构建以形成性评价为主、终结性评价为辅的评价体系[26]。

最后，高校教师创新能力结构的研究是创新能力研究的基础。郭丽莹（2020）基于对全国12596名高校教师样本数据的检验，将高校教师胜任力分为4个要素：教育教学能力、创新创业能力、实践育人能力和自主发展能力[27]。孟戡、熊晓春、吴海峰

（2021）认为，高校教师创新能力是一个复合系统，具有动态性的特征，不仅涵盖教学和科研创新能力，还包括社会参与、企业活动、外部沟通方面的创新能力[28]。

在西方高等教育管理研究中，高校教师创新能力的研究一直是重点。Huggins R，Prokop D，Thompson P（2020）认为，高校只有持续不断地创新，才能永久保持活力，而高校教师个人创新是高校创新的核心要素，高校创新是高校教师个人创新的汇聚[29]。Charrón Vías M，Rivera-Cruz B（2020）指出，高校教师创新能力的培育存在着多条路径，高校需要结合自身所处的制度和环境，打造独特的教师创新能力培育之路，而不能盲目地模仿[30]。Varma A，Bhalotia K，Gambhir K（2020）认为，对于现代高校而言，高校教师的创新能力不仅要包括教学创新能力和科研创新能力，还要包括社会服务创新能力，而这一点是许多发展中国家的高校所欠缺的[31]。

可见，无论中外，高校教师创新能力的开发在理论和实践上都得到了持续性的关注，不同国家、不同高校有着自己独特的教师创新能力培育路径，可以相互借鉴，但不可以盲目仿照。尤其是在我国当前教育改革的浪潮下，高校要全力探寻适合自己的教师创新培育之路。

1.2.3　高校教师公平感知对创新能力促进效应研究

高校教师创新能力的培育存在着多条渠道，而公平感知是一条重要的渠道，正逐渐引起高等教育领域的关注。

我国高等教育界在高校教师创新能力培育中已经发现了公平感知培育的重要性。童国良（2015）研究了高校教师公平激励对教学创新的驱动效应，认为高校教师公平激励包含许多具体的方向，是增强高校教师教学创新能力的重要动力源[32]。彭宇飞（2015）基于公平和效率的关系研究了高校教师的绩效管理问题，认为在一定环境下，公平和效率可以同步提升，即高校教师公平感知的提高可以增强其创新能力[33]。刘梦婷、高朝阳（2018）基于情感承诺的中介效应探讨了互动公平对高校教师责任行为的影响，发现互动公平与高校教师情感承诺、责任行为之间存在着显著的正相关关系，因此，提高高校教师的互动公平感，可以促进高校教师创新能力的成长[34]。

西方高等教育界也较为重视从高校教师公平感知培育的视角来提高教师创新能力。Mameli C，Grazia V，Molinari L（2020）认为，高校领导要时刻关注教师的公平偏好和公平感知，将公平引导作为激励教师创新的核心动力源之一，不仅要关注教师的分配公平和程序公平，还要关注教师的人际公平和信息公平[35]。Kubota R，Bale J（2020）研究了加拿大高校教师公平感知对创新能力驱动的微观机理，认为在高校教师创新能力的培育中，公平感知是不可忽视的重要因素，并根据实证结果提出了具体的培育策略[36]。Dorner L M，Gervantes-Soon C G（2020）研究发现，高校教师的分配公平感知对教学创新能力的提升存在着明显的促进作用，指出教学分配公平感知是其他类型公平感知的基础，只有确保分配公平感知，才能使其他公平感知对创新能力产生现实性的驱动作用[37]。

可见，现有的研究已经认识到高校教师公平感知对创新能力的驱动价值，并进行了一定程度的探讨，但我国高校对其仍处于笼统性、概要性、模糊性的认识阶段，对于高校教师公平感知尚未系统提出成熟而规范的培育策略，因而也无法有针对性地从公平的视角来大力开发创新能力。

1.2.4 高校教师公平感知对组织支持促进效应研究

高校教师公平感知可以影响到高校教师的组织行为，并且对组织支持产生直接的影响。张海峰（2015）通过对我国中部某省5所地方高校的研究发现，高校教师的公平感知与组织支持之间存在着同向性，即教师的公平感知越强，就越认为学校和学院比较重视自己，相应的组织支持也就越强[38]。迟景明、何志程、陈晓光（2021）研究发现，程序公平感知在高校教师组织支持感的培育中发挥着积极作用，程序公平感知的不足对教师和学校行为、个体主动行为具有不利影响[39]。Volery T，Tarabashkina L

（2021）实证检验发现，分配公平和程序公平可以有效提高组织支持，而互动公平是组织支持的重要前置因素，许多高校教师组织支持的促进是通过公平感知的培育实现的[40]。

可见，在一定的制度和环境下，提高高校教师的公平感知可以为组织支持的提高创造有利的条件。因此，高校教师公平感知和组织支持之间存在着内在的联系，可以通过公平感知的培育来提高组织支持。

1.2.5 高校教师公平感知对组织认同促进效应研究

高校教师公平感知对组织行为的影响也包括对组织认同的影响。王永刚（2012）经过实证研究发现，高校教师的分配公平感知和程序公平感知不仅会优化心理契约，也会提高工作满意度，使教师工作更为投入，进而驱动组织认同的提高[41]。刘兆延、张淑华（2020）基于匹配视角和交换视角研究了组织公平对高校教师组织认同的影响，他们通过对37所高校487份样本数据的检验发现，高校教师的程序公平感知对组织认同存在着显著的促进效应，而分配公平感知和互动公平感知对组织认同的促进效应不显著[42]。Sabay S，Wiles K（2020）认为，高校可以通过对教师公平感知的培育来强化组织认同，对于不同高校而言，由于环境不同，公平感知培育的重点方向也不同[43]。

可见，现有的研究已意识到高校教师公平感知培育对于组织认同促进的重要性，但对于如何培育公平感知来促进组织认同的成长，则并不形成成熟的模式，现有研究也未提出一般性的策略。

1.2.6 高校教师组织支持对组织认同促进效应研究

高校教师组织支持和组织认同是两种不同的组织行为，二者之间存在着内在的关联性。郝天侠（2011）在研究高校教师组织支持感、组织情感承诺、组织公民行为三者之间关系时发现，高校教师组织支持的培育可以促进组织认同的成长，为组织认同的培育创造有利条件[44]。陈莉（2014）阐释了高校教师组织支持和组织认同之间的关系，认为组织支持是高校对教师的承诺，可以驱动高校教师的组织认同[45]。Stordy J，Zerjav V，Kanjanabootra S（2021）指出，为了强化高校教师的组织认同，需要先提高高校教师的组织支持，让高校教师感受到来自高校的尊重和关注，使高校教师的贡献得到承认，然后才能使组织认同处于激活状态[46]。

可见，在高校教师组织行为的优化中，要关注组织支持和组织认同之间的关联性，将组织支持的培育作为组织认同培育的先决条件。

1.2.7 高校教师组织支持对创新能力促进效应研究

高校教师创新能力促进的路径较多，其中，组织支持是一条重要的路径。马建宏（2018）通过对宁夏6所高校教师的调查发现，高校教师的组织支持感可以促进教学能力和科研能力的提升，因而高校应关注教师组织支持感的培育问题，为教师综合素质的提升创造条件[47]。杨中华、李亚鑫、向纯洁（2021）研究了组织支持感对高校科技人员创新行为的影响，他们通过对217份样本数据的检验发现，组织支持感是高校科技人员创新驱动的一个重要影响因素，其中，利益关心维度的影响最为明显[48]。Verčič A T（2021）通过实证研究发现，高校教师组织支持对创新能力存在着促进效应，从短期来看，工作条件改善的效果最为明显；从长期来看，组织公正引导的效果最为明显[49]。

可见，在一定的条件下，可以通过对高校教师组织支持的优化来增强教师创新能力。现有的研究已经认识到这一关系的存在性，然而，在不同的高校管理环境下，组织支持优化的路径存在着较大的差异。

1.2.8 高校教师组织认同对创新能力促进效应研究

高校教师组织认同对于创新能力存在着内在的促进效应，这已经被高等教育界所关注。武莉莉（2017）基于576份高校教师样本数据的检验结果发现，高校教师组织认同可以提高高校教师的工作满意度，因而她倡导将组织认同的培育作为高校教师创新能力开发的一个重要手段[50]。李升、叶霁、苗大雷（2018）指出，高校教师作为事业单位成员，其组织认同具有自身的特征，而高校教师组织认同的培育是推进高校改革创新的基础性平台[51]。陶建宏、冯胭（2019）基于对西安277名高校教师样本数据的检验结果发现，高校教师组织认同有助于其克服工作倦怠感，从而有助于培养创新能力[52]。马跃（2020）以河北、辽宁、河南、天津4省（市）660名高校教师为样本，运用结构方程模型检验发现，高校教师组织认同可以提升敬业度，进而增强教师教学能力和科研能力[53]。Daniel J L，Galasso M（2019）探讨了高校教师组织认同对创新能力促进的路径，强调同事认同是组织认同不可缺少的环节，指出组织认同尽管是一种情感，但对行为优化存在着根深蒂固的影响[54]。

现有的研究已经关注到高校教师组织认同对创新能力的正向影响，但并未指出具体的促进路径，因为在不同的环境下，高校教师组织认同对创新能力促进的路径和方式存在着差异，不存在统一的、规范的、“放之天下而皆准”的模式。

1.2.9 研究评述和研究问题的提出

高校教师公平感知的培育是高校教师管理研究的一个重要方向，同时，公平感知对创新能力的驱动效应也引起了学界关注，这方面的研究取得了一定的成绩：① 阐释了高校教师公平感知培育的重要性，并对公平感知培育的路径进行了一定程度的探讨；② 认识到高校教师公平感知的培育是创新能力驱动的重要动力源，并在一定程度上解析了驱动效应；③ 认识到在高校教师公平感知对创新能力的驱动过程中，组织行为也在发生变化，为创新能力的成长创造了有利的条件。

同时，现有的研究也存在着如下不足：① 我国高校教师公平感知的激励结构体系不清晰，并没有充足的理由说明传统的组织公平激励结构适用于我国高校教师；② 尚未全面而深刻地阐释我国高校教师公平感知对创新能力驱动的微观路径，未能揭示高校教师公平感知对创新能力驱动的微观机理，未能识别在公平感知对创新能力驱动过程中组织行为优化的方向；③ 未能基于我国高校的管理环境提出高校教师公平感知培育的具体方向，也未能提出我国高校教师公平感知对创新能力驱动的具体方向；④ 尚未系统地构建我国高校教师公平感知对创新能力驱动的理论体系，未能将既有的分散性研究整合成一个完整的理论框架。

我国高校教师具有较强的公平偏好，在一定的环境下，公平感知不仅可以驱动我国高校教师创新能力的成长，也可以为我国高等教育改革的深化创造有利的条件。我国高等教育环境与西方存在着一定的差异，因而不能照搬西方高校公平激励的模式，只有寻找到一条适合于我国高校教师公平激励的路径，才能使高校教师公平感知对创新能力产生强有力的驱动效应。

在新时代，我国高校教师创新能力的培育迫在眉睫，我国高校教师公平诉求的条件也日臻成熟，因此，基于我国的政治、经济、文化环境以及所面临的国际环境，在现有研究的基础上，本书着力探讨高校教师公平感知对创新能力驱动的微观机理，同时考虑公平感知下高校教师组织行为的变化，提出公平感知培育的具体策略以及高校教师公平感知对创新能力驱动的具体策略，从而促进我国高校教师创新能力的持续提升。

1.3 研究目标和研究意义

1.3.1 研究目标

本书的研究目标是解析我国高校教师公平感知对创新能力驱动的微观机理，提出高校教师公平感知对创新能力的驱动路径，从而增强我国高校教师的创新能力。具体研究目标分为如下四个子目标：① 对高校教师公平感知对创新能力的驱动效应进行实验研究；② 对高校教师公平感知对创新能力的驱动效应进行扎根理论分析；③ 构建高校教师公平感知对创新能力驱动的基本研究模型和中介效应研究模型，并利用我国高校教师的样本数据对研究模型进行检验；④ 从高校教师公平感知培育的视角提出创新能力驱动的具体路径。

1.3.2 研究意义

基于研究背景和研究目标，本书的研究意义包括理论意义和实践意义两个方面。

（1）理论意义：① 将公平理论引入我国高校教师创新激励研究之中，拓展了公平理论的应用范围。公平理论是社会科学所关注的一个重要理论，在我国当前的社会环境下具有重要的应用价值，本书将其成功地应用于高校教师的公平激励研究之中，使公平理论的应用价值又一次得到验证。② 从公平感知培育的视角探讨了我国高校教师创新能力开发的路径，深化了我国高校教师创新能力理论的内涵。高校教师创新能力理论是高等教育研究中的一个热点，但鲜有研究从公平感知培育的视角来探讨高校教师创新能力的开发问题，因此，公平理论的引入，使高校教师创新能力理论又一次得到丰富。③ 应用实验经济学的思想和方法来研究高校教师公平感知对创新能力的驱动效应问题，进一步开创了实验经济学在我国发展的新局面。实验经济学在我国社会主义市场经济中具有旺盛的生命力，而本研究使实验经济学的价值又一次得到体现，提高了我国社会对实验经济学理论和方法的关注度。

（2）实践意义：① 提高了我国高校教师的公平感知，包括分配公平、程序公平、人际公平、信息公平四个方面，为我国高校推进民主管理、教授治校创造了有利的条件。公平问题是当前我国社会所关注的一个重要问题，而高校教师公平激励又具有特殊的探讨价值。高校教师公平感知的提高是推进高等教育改革的一个着力点。② 高校教师公平感知的提升增强了其创新能力，包括教学创新能力、科研创新能力、社会服务创新能力，进而增强了我国高校的综合竞争力。高校教师创新能力的提升是我国高校管理优化的一个突破口，长期以来备受关注，而公平感知的引入为高校管理优化的突破指明了一个现实的方向。③ 优化了我国高校教师的组织行为，包括组织支持和组织认同，为我国高等教育改革的深入实施奠定了基础。高校教师组织行为的优化在我国高等教育改革和高校管理优化中具有重要的作用，可以为高校教师创新能力的培育创造一个有利的组织环境。

1.4 研究方法和研究内容

1.4.1 研究方法

基于研究目标和研究意义的引导，拟使用如下研究方法：

（1）文献分析法。利用文献分析法来概述研究背景、梳理历史研究脉络，进而提出研究问题。

（2）实验研究法。利用实验经济学的思想和方法，分别实施高校教师公平感知对教学创新能力、高校教师公平感知对科研创新能力、高校教师公平感知对社会服务创新能力的驱动效应实验，证明公平感知对创新能力具有驱动效应，为研究的继续推进提供理论依据。

（3）扎根理论分析法。利用扎根理论的思想和方法，通过开放式编码、主轴式编码、选择式编码，析出分配公平、程序公平、人际公平、信息公平、组织支持、组织认同、教学创新能力、科研创新能力、社会服务创新能力9个主范畴，进而构建高校教师公平感知对创新能力驱动效应的基本理论模型。

（4）中介效应研究法。在基本理论模型的基础上，基于中介效应的思想和方法，构建我国高校教师公平感知对创新能力驱动的基本研究模型、组织支持中介效应研究模型、组织认同中介效应研究模型、双重链式中介效应研究模型。

（5）结构方程模型检验法。在中介效应研究模型的基础上，运用结构方程模型（structural equation model，SEM）的思想和方法，利用我国高校教师的样本数据，分别对基本研究模型和中介效应研究模型进行实证检验。

1.4.2 研究内容

在研究目标和研究意义的引导下，基于拟定的研究方法，本书章节顺序和研究内容安排如下：

第 1 章是导论，阐释了研究背景，梳理了既有研究文献，介绍了研究目标和研究意义、研究方法和研究内容、逻辑结构，设计了技术路线图，凝练了创新点。

第 2 章是相关概念界定与理论基础，界定了高校教师公平感知、组织行为、创新能力等若干概念，阐述了公平理论、组织行为理论、实验经济学、质化研究及中介效应等理论。

第 3 章是高校教师公平感知对创新能力驱动效应的实验研究，运用实验经济学的思想和方法，描述了高校教师公平感知对教学创新能力、高校教师公平感知对科研创新能力、高校教师公平感知对社会服务创新能力驱动效应实验的目的、场景、筹划与安排、设计与实施、实验结果、结论与总结，并阐释了实验启示。

第 4 章是高校教师公平感知对创新能力驱动效应的扎根理论分析，基于扎根理论的思想和方法，通过开放式编码、主轴式编码、选择式编码，析出 9 个主范畴，构建了理论模型，并进行了信度检验、效度检验、理论饱和度检验。

第 5 章是高校教师公平感知对创新能力驱动的研究模型设计，在实验研究和扎根理论分析所得到的理论模型的基础上，通过严密的论证，构建高校教师公平感知对创新能力驱动的基本研究模型、组织支持中介效应研究模型、组织认同中介效应研究模型、双重链式中介效应研究模型。

第 6 章是高校教师公平感知对创新能力驱动的研究设计，包括研究要素设计、问卷设计和样本调查、样本数据特征分析等内容，从而为研究模型检验的实施提供数据支持。

第 7 章是高校教师公平感知对创新能力驱动的研究模型检验，在要素 KMO（kaiser-meyer-olkin）检验和 Bartlett's 球形检验、信度检验、效度检验的基础上，基于我国高校教师的样本数据，利用 SPSS 18. 0 和 Lisrel 8. 7 软件，对基本研究模型、组织支持中介效应研究模型、组织认同中介效应研究模型、双重链式中介效应研究模型进行了检验，并对未通过检验的因子和假设进行了分析。

第8章是我国高校教师公平感知对创新能力的驱动对策，在实证研究的基础上，提出高校教师公平感知对创新能力的直接驱动对策、高校教师公平感知下组织行为对创新能力的驱动对策、高校教师公平感知下创新能力的自我完善对策，从而构建出公平感知视角下我国高校教师创新能力驱动的对策体系。

第9章是基本结论和研究展望，归纳了本书的基本结论，指明了之后的研究方向。

1.5 逻辑结构和技术路线图

1.5.1 逻辑结构

在研究目标和研究意义的引导下，整合研究方法和研究内容，可以展示本书的逻辑结构。

首先，在文献分析的基础上，厘清研究问题和研究对象。然后利用实验经济学的思想和方法，进行高校教师公平感知对创新能力驱动效应的实验，证明高校教师公平感知对教学创新能力、科研创新能力、社会服务创新能力驱动效应的存在性，从而为高校教师公平感知对创新能力驱动研究的开展提供理论支持。

其次，在实验研究的基础上，运用扎根理论的思想和方法，解析高校教师公平感知对创新能力驱动的微观机理，并考虑到组织行为的作用，构建高校教师公平感知对创新能力驱动的基本理论模型，从而为高校教师公平感知激励研究的深化奠定理论基础。

再其次，在实验研究和扎根理论分析的基础上，提出研究假设，并经过严密的理论论证，在基本理论模型的基础上构建研究模型，包括基本研究模型和中介效应研究模型，其中，组织支持和组织认同是中介变量。

然后，利用我国高校教师的样本数据对基本研究模型和中介效应研究模型进行检验，从而对研究假设所蕴含的管理价值的存在性、有效性、发展性进行识别和辨析。

最后，基于理论与实践相结合的指导思想，在研究模型检验的基础上，提出高校教师公平感知的培育路径以及高校教师公平感知对创新能力驱动的具体策略。

1.5.2 技术路线图

通过对研究目标、研究意义、研究方法、研究内容、逻辑结构的综合，设计出本书的技术路线图，如图1-1所示。

1.6 研究创新内容

基于研究目标的引导，本书的创新内容主要包括如下方面：

（1）现有研究阐释了高校教师公平感知在创新能力驱动中的重要性，也探讨了公平感知的培育路径，但未从组织行为的视角对分配公平、程序公平、人际公平、信息公平进行全面验证。本书将实验经济学的理论、思想、方法引入高校教师公平感知对创新能力驱动效应的研究之中，通过经济学实验，检验高校教师公平感知（包括分配公平、程序公平、人际公平、信息公平四种感知形态）对创新能力的驱动效应，验证了高校教师公平感知可以驱动教学创新能力、科研创新能力、社会服务创新能力的成长，从而为高校教师公平感知对创新能力驱动效应的深入研究提供了理论依据。

（2）现有研究探讨了高校教师公平感知对职业倦怠感和工作绩效的影响，但尚未系统地研究高校教师公平感知对创新能力的驱动作用，更未形成成熟的理论体系。本书通过对我国高校教师创新能力培育的现实需求分析，利用扎根理论的思想和方法，通过开放式编码、主轴式编码、选择式编码，构建高校教师公平感知对创新能力驱动效应的理论模型，该模型包括分配公平、程序公平、人际公平、信息公平、组织支持、组织认同、教学创新能力、科研创新能力、社会服务创新能力9个主范畴，从而为本研究的开展奠定了理论基础。

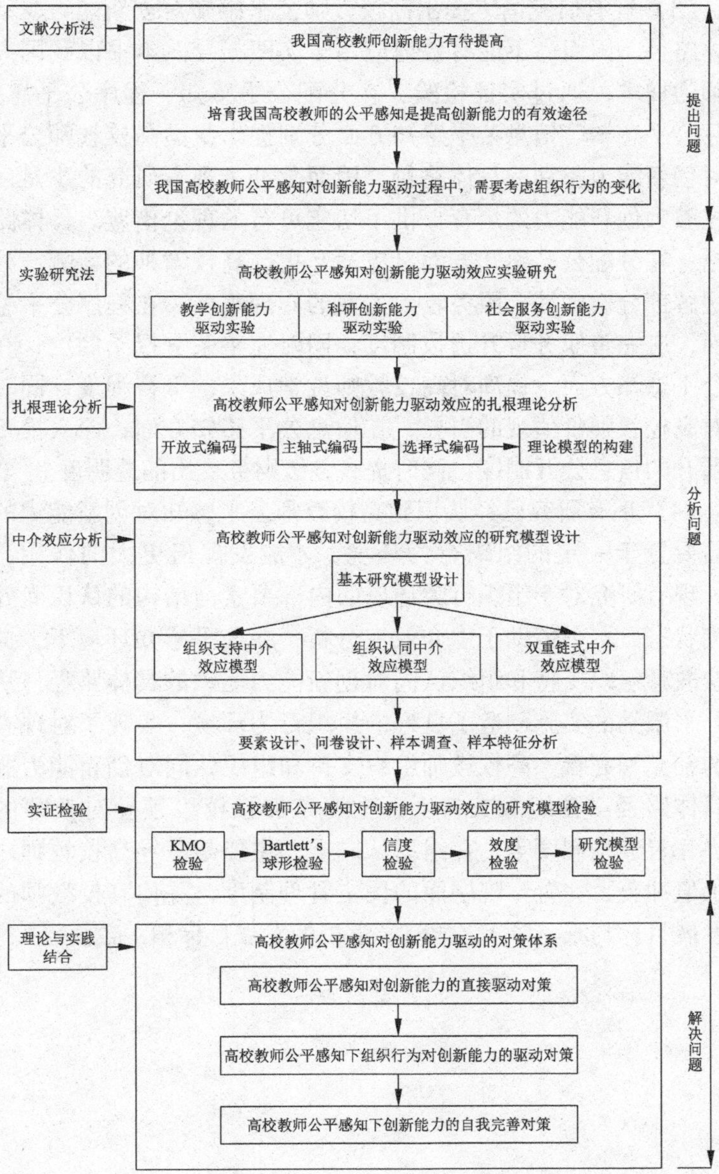
文献分析法
我国高校教师创新能力有待提高
培育我国高校教师的公平感知是提高创新能力的有效途径
我国高校教师公平感知对创新能力驱动过程中，需要考虑组织行为的变化
提出问题
实验研究法
高校教师公平感知对创新能力驱动效应实验研究
教学创新能力驱动实验
科研创新能力驱动实验
社会服务创新能力驱动实验
扎根理论分析
高校教师公平感知对创新能力驱动效应的扎根理论分析
开放式编码
主轴式编码
选择式编码
理论模型的构建
中介效应分析
高校教师公平感知对创新能力驱动效应的研究模型设计
基本研究模型设计
组织支持中介效应模型
组织认同中介效应模型
双重链式中介效应模型
分析问题
要素设计、问卷设计、样本调查、样本特征分析
实证检验
高校教师公平感知对创新能力驱动效应的研究模型检验
KMO检验
Bartlett's球形检验
信度检验
效度检验
研究模型检验
理论与实践结合
高校教师公平感知对创新能力驱动的对策体系
高校教师公平感知对创新能力的直接驱动对策
高校教师公平感知下组织行为对创新能力的驱动对策
高校教师公平感知下创新能力的自我完善对策
解决问题

图 1-1　技术路线图

（3）现有研究尚未提出高校教师公平感知对创新能力驱动的具体路径，因而尚不能有效地应用于实践指导。本书以我国高校教师为样本，通过实证检验，在分配公平感知、程序公平感知、人际公平感知、信息公平感知方面分别提出我国高校教师公平感知对创新能力驱动的具体路径，因而弥补了现有研究的不足，为高校教师创新能力的培育提供了切实可行的理论借鉴。具体路径包括：在分配公平感知方面，应适当提高高校教师的薪酬，减小或缓解部分教师社会服务收入方面的心理落差；在程序公平感知方面，应完善职务晋升选拔制度，同时完善荣誉授予制度；在人际公平感知方面，提高对高校教师教学成果的重视程度，同时加强对高校教师价值观的引导；在信息公平感知方面，深入推行职务晋升的信息公开制度，同时提高各级财务支出的透明度。

（4）现有研究已经认识到高校教师公平感知对创新能力的驱动需要置于一定的组织行为环境，才能发挥出更大的作用，然而，现有研究对于组织行为环境的内部要素与结构的认识尚处于模糊状态。本书借助于中介效应分析，在公平感知环境下，提出高校教师组织支持和组织认同对创新能力驱动的具体路径，从而为公平激励的实施创造了良好的组织行为环境，实现了对现有研究的补充和完善。高校教师组织支持和组织认同对创新能力驱动的具体路径：在组织支持上，主要是加强校级领导对教师的关爱、完善奖励制度等；在组织认同上，主要是疏导高校教师之间的价值冲突、完善学院层面的民主管理制度，并使高校教师的个人发展目标与系（所）、学院、学校的发展目标相一致。

第 2 章　相关概念界定与理论基础

本研究的理论基础为公平理论、组织行为理论、实验经济学、质化研究、中介效应，其中，公平理论包括分配公平、程序公平和互动公平三种主要形式，组织行为理论包括组织支持和组织认同。本书对相关基本概念进行了界定。

2.1　相关概念

高校教师公平感知、组织行为和创新能力的系列概念形成于扎根理论分析，衍生于主轴式编码的主范畴，是研究模型构建的基本要素。为了提高本书的阅读性，本章将对这些概念进行阐释。

2.1.1　高校教师公平感知

在公平激励理论中，公平感知是指个体对公平激励效果的感受、识别和判断程度，即在一定的环境下个体受到公平待遇的心理感受程度。高校教师公平感知是指高校教师在薪酬、福利、荣誉、奖励、职称晋升、职务竞争等利益获取方面的公平感受，包括分配公平感知、程序公平感知、人际公平感知、信息公平感知四个要素。

（1）高校教师分配公平感知：高校教师对薪酬、福利、荣誉、奖励、职称晋升、职务竞争等利益获取的最终结果在公平程度上的心理感受。

（2）高校教师程序公平感知：高校教师对薪酬、福利、荣誉、奖励、职称晋升、职务竞争等利益获取的流程、环节、依据在公平程度上的心理感受。

（3）高校教师人际公平感知：高校教师在薪酬、福利、荣誉、奖励、职称晋升、职务竞争等利益获取中受到上级组织的支持、关怀、尊重程度的心理感受。

（4）高校教师信息公平感知：高校教师对薪酬、福利、荣誉、奖励、职称晋升、职务竞争等利益获取中的信息公开、信息透明、信息无偏程度的心理感受。

2.1.2 高校教师组织行为

在组织行为学中，组织行为是指在组织内部要素的相互作用以及组织与外部环境的相互作用过程中形成的行动和作为。高校教师组织行为是指高校教师在高校平台上的一系列组织活动，包括心理活动和行为活动两种类型，本书主要指组织支持和组织认同两种形式。

（1）高校教师组织支持：高校教师在工作过程中对上级组织如何看待自己的贡献和关注自己利益的心理知觉，即高校教师关于学校、学院、系（所）、同事对自己工作支持情况的整体心理感受。

（2）高校教师组织认同：高校教师对学校、学院、系（所）的发展和同事的个人进步在情感上的赞同程度，即期望学校、学院、系（所）、同事越来越好的总体心理倾向。

2.1.3 高校教师创新能力

在创新理论中，创新能力是指经济或社会个体克服守旧传统、探索未知领域、不断超越自我的进取能力。高校教师创新能力是指高校教师为了提高业务素养、提升业务绩效、拓展业务范围所应具备的创造精神或创造性，包括教学创新能力、科研创新能力、社会服务创新能力三个要素。

（1）高校教师教学创新能力：高校教师在教学方式、教学设备利用、教材选用、教学国际化及教学理念上的自我超越、自我突破、自我深化能力。

（2）高校教师科研创新能力：高校教师在科研方法、科研设备利用、科研热点追踪、科研国际化及科研理念上的自我超越、自我突破、自我深化能力。

（3）高校教师社会服务创新能力：在产学研、军民融合、产教融合、智库研究、咨询培训等社会服务方面，高校教师在社会推广、服务对象识别、合作模式、国际化合作及合作理念上的自我超越、自我突破、自我深化能力。

2.2　公平理论

公平理论包括分配公平、程序公平、互动公平三种主要形式，其中，互动公平可以分为人际公平和信息公平两种子形式。分配公平侧重于分配结果的合理性，程序公平侧重于公平实施的过程，互动公平侧重于沟通因素对公平感知的影响。

2.2.1　分配公平

分配公平是最早出现的公平理论，也是最为基础的公平理论。美国北卡罗来纳大学心理学教授 Adams J S（1965）最早提出了分配公平理论，认为个体的分配公平感知取决于个体的付出与收益比，这是一个相对的概念，而这一付出与收益比往往存在着一个参照标杆。如果付出与收益比小于这一标杆，则会产生公平感，否则会认为自己受到不公平的待遇。在这里，付出包括工作时间、努力程度、精力损耗、技术水平等因素[55]。

Adams J S（1965）的研究表明，如果经济个体感受到不公平，可能会采取如下措施进行补救：一是根据周围的现实环境，通过内心疏导来实施自我安慰，让自己相信不公平感知是自己的错觉和误解，劝导自己不要在意和计较；二是通过组织手段或个人手段，提高他人的付出，或者降低他人的收益，从而使他人的付出与收益比与自己的更为接近；三是通过组织手段或个人手段，降低自己的付出，或者提高自己的收益，从而使自己的付出与收益比与他人的接近；四是更换参照标杆，提高自己的主观公平感；五是发泄情绪，故意制造人际矛盾。Adams J S（1965）指出，在管理工作中，领导者要重视薪酬、福利、待遇上的不公平现象对员工的心理冲击，避免消极影响，力求公平合理，最大程度地调动员工的积极性。

Adams J S（1965）公平理论包含四个要点：一是人们关注的是相对公平，而不是绝对公平，公平感知是与他人相比较的结果，而不是自我主观臆断的结果；二是不公平感源于自身的付出与收益比与他人的付出与收益比的比较；三是不公平感会导致个体产生挫败感和不满情绪；四是当人们存在不公平感时，会想方设法重新获取公平感。

Leventhal G S（1980）提出了分配公平的三个准则：一是贡献准则，即在做分配决策时根据付出与产出比来进行分配；二是需求准则，即在分配时着重考虑合理的需求；三是均等准则，即让所有个体获取同样的收入而忽略付出的差别。显然，这三个准则之间存在着冲突，在分配过程中不能全部兼顾[56]。

我国研究者也较为关注和重视分配公平。马迎霜、张昊民、马君（2018）认为，分配公平是指员工感知到的组织分配绩效结果的公平性，是员工对投入和获取相比较的感知，其直接影响到员工对工作的心理认知和情感投入[57]。麻宝斌、马永强（2019）认为，分配公平感是指个体对组织资源分配是否具有公正性的感受和判断[58]。

2.2.2 程序公平

随着公平理论与实践的推进，在分配公平的基础上，程序公平理论开始出现和形成。程序公平理论的萌发和形成是人类经济社会发展的结果，是在分配公平基础上对公平内涵的更为深入的探索和认识，它并没有否定分配公平的存在价值，而是对分配公平的补充、完善和超越。Thibaut J, Walker L（1978）在分配公平理论的基础上，提出了程序公平的概念，认为人们如果拥有对分配过程的控制权，或者能够影响分配过程，那么，不管最终的分配结果如何，人们的公平感知会增加[59]。

随后，Leventhal G S（1980）对程序公平理论进行了深入的探讨，他通过大量的观察和实验，归纳了程序公平的六条基本原则，它们迄今仍是程序公平识别和判断的经典性准则。第一条是一致性原则，是指在没有特殊要求或没有特殊需求的条件下，分配程序的设计和实施对不同类型的人员在时间、地点、环境方面应保持一致性。尽管这种一致性无法绝对保证，但实施主体或执行主体要尽力确保，至少不能存在过于明显的偏差。第二条是无偏性原则，要求执行主体在实施分配的过程中要抛开个人的成见或偏见，不要被个人私欲所支配，而要对所有的分配对象一视同仁。如果分配对象在分配程序上感受到了偏见，不管分配结果如何，都会认为自己受到了不公平待遇。第三条是准确性原则，要求执行主体在实施分配时，依据准确的分配信息来划分分配额度，不能过于主观，更不能过于随意，并且需要和分配对象沟通分配的额度标准，获得分配对象的认可和赞同。同样，绝对的准确无法保证，但在一定环境下，要寻找到双方共同认可的标尺。第四条是可修正原则，即根据时间、空间、环境的变化，要及时修订分配标准，同时，分配决策也要因时因地调整，以符合经济与社会环境的变迁，不能墨守成规，一成不变。第五条是全局性原则，即分配程度和分配标准的设计需要覆盖所有的分配对象，顾及所有的人员，不能向局部群体倾斜，也不能将某一群体排斥在外。如若不然，不仅会引起小群体的不满，也会引起整个群体的恐慌，认为自己有朝一日也会受到不公正待遇。第六条是道德与伦理原则，即分配程序的设计、实施、修正需要符合一般性的伦理标准，不能违背当时当地的社会公德，应当充分体现公共社会的良心和道义，强调缺乏道德与伦理的分配程序必然违背公平原则[56]。

Leventhal G S（1980）指出，在一个组织中，如果分配过程严格按照这六条基本原则来执行，个体就会感受到公平。在管理实践中，程序公平的六条基本原则涉及分配制度的制定、执行、修正、完善、升级各方面，是对程序公平较为系统和全面的评价[56]。虽然程序公平是公平感知的重要因素，但这并不意味着否定分配公平的作用。在公平感知的形成过程中，分配公平和程序公平都发生作用，只是在不同环境下，它们的侧重点不同。

2.2.3 互动公平

随着程序公平理论的发展，出现了互动公平理论。互动公平强调分配主体和分配客体之间的互动，分配客体根据分配主体的心理特征和行为反应来判断自己所受公平待遇的程度。互动公平一般包含人际公平和信息公平两种典型的形式。互动公平与分配公平、程序公平之间并不是相互隔离的，它们可以同时存在于同一公平主体内。

Bies R J, Shapiro D L（1988）在分配公平和程序公平的基础上开始关注分配结果执行和反馈时人际互动方式对个体公平感知的影响，发现在分配过程中，个体和组织之间的互动也会影响到结果公平，进而提出了互动公平的概念[60]。他们认为：互动公平是指个体与组织在人际交往中所感受到的公平待遇，当然，这种交往与分配过程高度相关，是分配过程中的交往；程序公平仅从制度上为个体与组织之间的双向沟通创造了条件，但互动公平侧重于为这种沟通提供恰当的方式，上级领导在分配过程中如果能够礼貌、平等、真诚地与员工沟通，就可以提高员工的公平感知；互动公平体现了领导对下属的尊重，可以为领导赢得下属的信任[60]。

Greenberg J（1990）将互动公平分为两种类型：一是人际公平，是指在分配决策制定和分配程序执行时，领导对下属要有礼貌，要给予下属足够的尊重，维护下属的尊严；二是信息公平，是指在分配决策制定和分配程序执行时，领导应让下属知晓必要的信息，给予下属必要的解释，让下属理解分配决策为什么这样制定、分配程序为什么这样执行[61]。

2.3 组织行为理论

组织行为理论包含多种组织行为模式，本书主要涉及组织支持和组织认同两种主要形式。

2.3.1　组织支持

组织支持理论（organizational support theory）是组织行为理论的核心内容之一，由美国社会心理学家 Eisenberger R 在 1986 年提出，其基本概念是组织支持感（perceived organizational support）。该理论三十多年来得到了很大的发展，在管理学领域应用较为广泛，为员工-组织关系的优化提供了新的思路。

组织支持的思想源于社会交换理论和组织拟人化思想，前者的核心思想是社会交换的概念和互惠性原则；后者的核心思想是，员工一般将组织代理人的行为当作组织的意图，而不是归因为组织代理人的个人动机。

Eisenberger R（1986）经过长时间的考察和研究，发现员工比较重视所在组织对自己的关注程度，组织对员工的贡献关注和利益关注直接影响到员工的努力程度和工作绩效，因而将员工这种知觉命名为组织支持感，且认为组织支持感包含两个核心要点：一是员工认为组织对自己贡献的重视程度，二是员工认为组织对自己利益的重视程度[62]。Rhoades L，Eisenberger R（2002）认为，在员工看来，组织的高层管理人员往往代表着组织，是组织的拟人化，因此，员工往往将高层管理人员对待自己的态度看作组织对待自己的态度，并转化为组织支持感[63]。

可见，组织支持感是员工将组织拟人化的一种特征，即在工作过程中或在组织环境中，员工相信组织会肯定自己对组织的贡献，也相信组织能够真心关注自己的利益。组织支持感是组织在员工心目中的人格化，是员工对组织的政策、行为、规则等体验的动机归因。在组织行为理论中，组织承诺理论单方强调了员工对所在组织的承诺，而没有关注组织对员工的承诺；因此，组织支持理论是对组织承诺理论的反向补充，使员工和组织之间的承诺形成双向性，组织支持理论强调组织对员工的承诺比员工对组织的承诺重要，其对员工忠诚度的影响更为显著。因此，组织若要让员工与组织风雨同舟、共进共退，就要重视员工组织支持感的培育，而不能仅仅强调员工的组织承诺[63]。

组织支持感的维度结构研究是组织支持感研究的一个重要方向。Shore L M，Tetrick L E 将组织支持感分解为四个维度：组织公正、领导支持、组织奖励、工作条件[64]。Eisenberger R，Cummings J，Armeli S 等（1997）认为，组织支持感的三个前因变量是公平对待、参与决策、发展机会[65]。施让龙、张珈祯、黄良志（2017）将组织支持感分解为三个维度：团队支持、主管支持、同事支持[66]。杨皖苏、杨善林（2020）将组织支持感分解为多个维度：重视和重用、工作协助支持、人际关系支持、能力施展支持、抱负志向支持、福利保障支持、宽容体谅支持、公正合理支持、情感支持[67]。

组织支持感的结构和影响因素存在着文化差异和制度差异，在不同的文化和制度环境下，组织支持感的维度结构和影响因素也会发生变化。

2.3.2 组织认同

组织认同理论（organizational identification theory）是组织行为理论中的一个重要概念，萌芽于20世纪50年代，发展于20世纪90年代，在管理学领域引起了广泛的重视。

Simon M（1958）最先提出了组织认同的概念，认为组织认同是个体对群体的认同，或者是成员对组织的认同，可以确保众多成员相互协调，共同完成组织的发展目标[68]。Simon M（1958）强调，组织认同的过程就是组织目标代替个人目标的过程，是组织制定决策时所采用的价值指数的过程[68]。

在组织认同概念提出后的近三十年中，组织认同的内涵并没有得到发展，直至20世纪90年代才又进入人们的视野。Ashforth B E，Mael F（1989）首次用社会认同理论来解释个体的组织认同，逐渐丰富了组织认同的思想[69]。Mael F，Ashforth B E（1992）认为，组织认同是社会认同的一种特殊形式，是个体归属于特定群体的知觉，是个体按照特定的组织成员身份来自我定义或定位的一种心理倾向[70]。Dutton J E，Dukerich J M，Harquail

C V（1994）认为，组织认同是组织成员对组织目标和组织价值观相似性的认知，这种认知可以使组织成员将组织利益视为任务决策的首要影响因素[71]。Akerlof G A，Kranton R E（2005）认为，组织认同是一种个体归属于群体的知觉，个体将群体作为自我定义的一部分，以达到提升自我评价的目的[72]。

随着我国改革开放的深入，组织认同也引起国内学术界的关注。万红艳（2013）认为，从狭义的视角来看，组织认同是个体以组织成员的身份进行自我定义的一种知觉或状态，强调组织认同的认知性和静态性；从广义的视角来看，组织认同是一个包含认知、情感、行为的多维动态结构体系[73]。周美华、林斌、罗劲博等（2018）认为，组织认同是指个体将自己与社会场景中的元素加以整合的过程，是个体所体验到的对组织的一种心理依附[74]。

组织认同的维度结构研究是组织认同研究的一个重要方向。Karasawa M（1991）将组织认同分解为两个维度：一是成员对自我身份的认同，二是成员对组织内其他成员身份的认同[75]。Dick R，Wagner U，Stellmacher T等（2004）将组织认同分解为四个维度：一是对自我事业的认同，二是对工作团队的认同，三是对整体组织的认同，四是对职业的认同[76]。魏钧、张勉、杨白寅（2008）将中国传统文化背景下的组织认同分解为五个维度：率先垂范、体恤关爱、外部认可、明理述规、行为一致[77]。

2.4 实验经济学

实验室实验已经成为当代经济学的一个重要数据来源，大量的研究已经表明，实验室实验在认识和理解产业组织、法律和规则、个体选择、商品和资产市场、委员会投票、通货膨胀、博弈论等方面发挥了重要的作用[78]。

在任何学科中，只有当学科所承认的一些关键变量服从实验控制时，真正意义上的实验才成为可能。每一类实验的关键变量并不是固定的，当适用的理论改变时，关键变量也会随着时间的推移而改变。当一类基于许多变量的复杂解释被一类基于少数变量的简单解释所代替时，理论范式也将随之改变。一门学科对实验的服从性并不是天生的，而是随着理论的发展而改变的[79]。

从非严格的意义上来看，经济学实验的历史较为悠久。1738年，伯努利父子所完成的圣彼得堡悖论实验，是历史上第一个经济学实验。1931年，瑟斯顿所实施的无差异曲线检验实验，是第一个正式意义上的个体决策实验。不过，真正意义上的经济学实验起步较晚。直到20世纪60年代，在经济学占统治地位的范式中，极少有实验室实验的位置。宏观经济学现象的规模使大多数受控实验无法实施，天文学同样被看作一门缺乏实验性的科学，因为实验者无法操纵行星、恒星、星系，但这样的观点不适用于微观经济学。

在所有的社会科学中，微观经济学倾向于抽象现实，并使用最优化的数学技巧和均衡的概念。实验经济学之所以存在，主要是因为20世纪60年代以来以微观经济学为主要范式的改变，这种改变为经济学中有意义的实验开辟了道路。自20世纪70年代开始，各种实验技巧开始进入微观经济学、博弈论、公共选择理论、产业组织理论等领域[80]。

20世纪90年代，亚利桑那大学、加利福尼亚理工学院、波恩大学一直保持着实验经济学领导中心的地位，每一处都有大量的正在进行的实验研究项目和许多长期雇用或临时访问的研究员。亚利桑那大学的经济研究实验室、加利福尼亚理工学院的经济与政治科学实验室、波恩大学的经济学实验室都配备了适合大型实验室研究的现代设备。实验经济学的发展有三个主要方向：一是用来检验个体决策理论的实验，二是用来检验博弈论假说的实验，三是关于产业组织问题的实验[81]。

实验经济学的作用包括三个方面：一是“与理论经济学家对话（speaking to theorists）”，这方面的实验主要包括用来检验已经得到充分阐释的理论的预测实验，以及用来观察没有预测到规律性的实验。二是“寻找事实（searching for facts）”，这属于实验经济学家彼此之间内部对话的部分，目的是将以往观察到的规律的原因隔离出来，具体方法是改变实验设计与实施中的某些细节，这方面的实验通常包括现有的经济学理论较少涉及的各种变量的影响实验。三是“在王子耳边低语（whispering in the ears of princes）”，这方面的实验主要包括实验经济学家与政策制定者之间对话的实验，一般由监管机构提出的系列问题所推动，所设计出来的实验环境在某些方面必须相当接近于政策制定者当前所关注的自然环境，进而将科学方法引入提供政策建议这一经济学家的传统工作之中，从而保证经济学家提出的建议具有坚实可信的专业科学知识的支撑[82]。

实验经济学是行为经济理论的实证性来源。行为经济理论来自经济实验结果的凝练，是实验向理论的抽象和升华。正是依赖于实验经济学的发展，行为经济学才逐渐加大对心理学研究成果的引入和应用。尤其在行为经济学的早期发展中，实验经济学发挥了重要的支持作用，许多重大理论的进步得益于心理学实验的成功，许多行为经济学家对于心理学领域的研究也极为擅长。

当然，行为经济学与实验经济学之间仍存在清晰的界限，前者并不太关注研究工具，在方法论上采取折中的态度，强调研究工具在经济学上的应用；后者强调工具本身在经济学上的应用，具有浓厚的工具色彩，可以看作经济学和心理学之间的中间学科。

理论与实证之间的交替作用是所有学科的发展动力，这种作用可以使双方日趋完善，经济学也不例外。一直以来，观察经济现象并得到数据，是使经济理论获得进步的唯一动力。如果经济学定理验证所需的数据无法从现实环境中获取，便不能从实验的视角对经济学理论进行完善。近年来，实验方法的进步已经使得经济学家能够从经济活动中获得更多的数据，并在此基础上扩大了经济学定理的使用范围。不过，由于预算和研究时间等方面的原因，不可能对所有的经济学理论实施系统而全面的实验，但在一些合适的领域，许多经济学理论已经得到了实验检验。

2.5 质化研究

质化研究，也叫质性分析，是一种审查资料和解释资料的过程，目的是从中发现意义、获取理解以及发展经验知识。质化研究是与量化研究完全不同的一种研究方式，在一定程度上弥补了量化研究的不足[83]。在量化研究中，由于研究者根据事先规定的方法来进行资料收集，因而无法知晓被研究者的内心世界，导致所收集的资料过于表面化，很难揭示被研究者真实的生活场景。

质化研究可以规避量化研究中强迫选择的问题，其通过尽可能全面的、直接的观察和访谈，来收集具体而详细的质化资料，可获取效度较高且更为可靠的信息，进而构建理论框架和解释模型[84]。质化研究可以得到被研究者的内心体验资料，能够及时发现变量，而不是验证变量。

当然，质化研究也存在一些不足：在通常情况下信度偏低，对观察所产生的偏差缺乏敏锐性；所收集的资料较为复杂，系统化难度较大；研究过程的客观化和普遍化程度不够高；项目归纳过于依赖推论，导致研究结论可能存在简化性谬误；研究过程受到时间、空间、观察场景的约束和限制。质化研究中的一些限制属于先天性限制，无法根除，而另一些限制可以通过研究方法的改进而予以克服。

由于质化研究和量化研究均有各自的优缺点，因而两者的结合成为必要：一是在主导研究为质化研究的情况下引入量化研究手段，二是在主导研究为量化研究的情况下引入质化研究手段[85]。

扎根理论研究法由芝加哥大学的 Glaser B 教授和哥伦比亚大学的 Strauss A 教授于 1967 年共同提出。扎根理论与演绎式研究不同，在研究前并不预先提出研究假设，也不事先拟定好理论框架，而是先收集原始材料，进而对材料进行编码、分类、分析，最终得到研究假设或理论框架。

Strauss A 为扎根理论注入了芝加哥学派的质化研究方法品质，即迈出学院，在真实世界中了解真实社会的运作情况，注重真实世界的变迁和过程，洞察社会生活的多样性和复杂性，明确条件、意义和行动之间的制约关系，让根植于现实世界的理论发挥出对科学发展的促进作用。Glaser B 为扎根理论的质化研究赋予了量化分析元素，要求研究者不仅要具有清晰的概念框架，还要能够对研究资料和研究假设进行系统的编码，同时其发展出相应的验证程序。

扎根理论研究法是质化研究和量化研究相结合的一种形式，是质化研究主导下引入量化研究的一种手段，其中，质化研究应用于研究设计和资料收集，量化研究应用于资料分解和过程分析。在二者结合的前提下，扎根理论分析可以克服量化研究效度不高与质化研究信度较低的缺点，即在质化研究中引入量化研究的特长，运用演绎归纳来弥补质化研究中的各种不足（这些不足主要体现在复制性、严谨性、推广性、准确性、可验证性等方面），进而提升质化研究的科学性[86]。

作为一种典型的质化研究方法，扎根理论是一种独特的方法论，是一种路径研究，而不是实体理论。质化研究的其他路径包括民族志、现象学研究、叙事探究、话语分析、传记研究等。扎根理论与其他质化研究存在着差异，因为扎根理论的研究目的是从经验资料中形成理论，而不只是描述和解释现象。

2.6　中介效应

中介变量（mediator）在社会学、心理学、管理学、教育学中受到了广泛的关注，扮演着重要的角色。如果自变量 X 不仅直接对因变量 Y 产生影响，也通过一个变量 M 对 Y 产生影响，那么，可以称 M 是 X 和 Y 的中介变量。中介变量研究不仅可以整合当前变量之间的关系，更可以深度解释自变量和因变量之间的作用机制。

中介效应是间接效应，无论是否涉及潜变量，都可以使用结构方程模型分析中介效应。单一层次、单一中介变量的中介效应是简单中介效应。

$$Y=\beta_1+cX+\varepsilon_1 \tag{2-1}$$

$$M=\beta_2+aX+\varepsilon_2 \tag{2-2}$$

$$Y=\beta_3+c'X+bM+\varepsilon_3 \tag{2-3}$$

式（2-1）表示 X 对 Y 的直接影响，β_1+cX 表示 X 的变化引起 Y 的变化，如图 2-1 所示。式（2-2）和式（2-3）表示 X 经过变量 M 对 Y 产生影响，a 和 b 表示中介效应，c'表示直接效应，如图 2-2 所示。

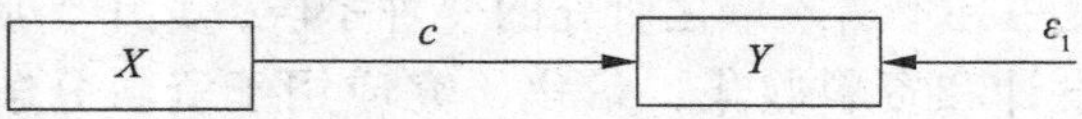

图 2-1　X 对 Y 直接影响（总效应）

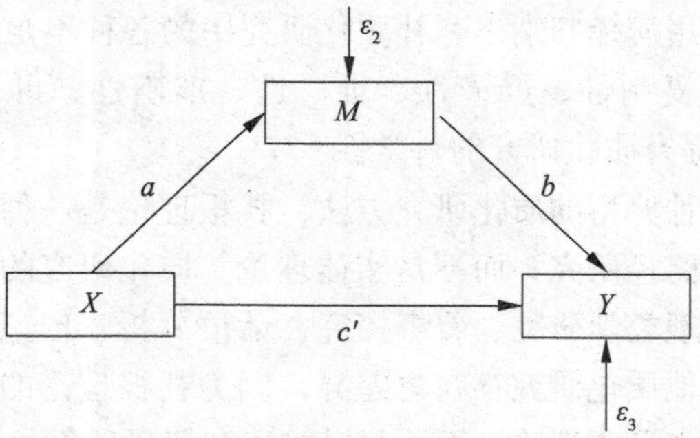

图 2-2　X 经过变量 M 对 Y 产生影响（中介效应和直接效应）

中介效应的检验方法主要有依次检验法、系数乘积项检验法和差异检验法。温忠麟、叶宝娟（2014）提出了一种检验中介效应的程序，采用了依次检验法，并加入了 Sobel 检验，可以将错误率控制在较小的范围[87]。

在一些研究中，经常需要多个中介变量才能更为清晰地解释自变量对因变量的效应，这种中介效应称为多重中介效应。当前，越来越多的研究采用多重中介效应。多重中介模型是指包含多重中介效应的模型，分为单步多重中介模型和多步多重中介模型，也称为并行多重中介模型和链式多重中介模型。相比于简单中介模型，多重中介模型具有三大优势：一是可以得到总的中介效应，二是可以研究每个中介变量的特定中介效应，三是可以研究对比中介效应[88]。

第 3 章　高校教师公平感知对创新能力驱动效应的实验研究

公平激励理论已经日臻完善，包括分配公平、程序公平、人际公平、信息公平四种基本形式。公平激励的功能通过个体的公平感知而实现。在管理学实践中，公平激励效应的存在具有普遍性，但在不同领域也存在着特殊性。在高校教师创新能力领域，公平激励的存在性尚未得到有效确认，因而对其特殊性的研究并不深入。有鉴于此，可以采用实验经济学的思想和方法，分别实施高校教师公平感知对教学创新能力驱动效应实验、高校教师公平感知对科研创新能力驱动效应实验、高校教师公平感知对社会服务创新能力驱动效应实验，从实验行为的视角证明高校教师公平感知对创新能力驱动效应的存在性，从而为高校教师公平激励研究的深化提供理论支持和实验支撑。由于高校教师公平感知对创新能力驱动效应的实验研究尚处于探索性阶段，本书力求完成基础性的实验目标，更为复杂的公平感知横向比较实验将在后期继续探讨。

3.1　高校教师公平感知对创新能力驱动效应实验设计的背景介绍

国内外已有研究涉及高校教师公平感知对创新能力的驱动效应，他们通过各种理论渠道对高校教师公平感知的驱动效应进行阐述和解读，进而提出完善路径。事实上，高校教师公平感知对创新能力的驱动是一个极为复杂的过程，包含许多微观路径。在当前的理论与实践环境下，很难对所有的路径进行探讨，也不可能面面俱到地提出优化策略。在这种情况下，可以借助于实验经济学的思想和方法，探析高校教师公平感知对创新能力驱动的关键路径，概括出高校教师公平感知对创新能力驱动的主要脉络，进而为深化性研究提供总体指导方案。

不同于化学实验或生物学实验等受控实验，因为经济学实验者很难对一系列经济影响因素进行有效控制，因此，经济学实验只能类似天文学或气象学实验等观察实验。经济学实验的科学目标是发现那些无法应用现有的理论来解释的某个方面的经济规律。在许多领域，各种相互竞争的理论所提供的预测不同，而经济学实验可以为每一种理论描绘出大概的适用范围。实验室工作可以验证在某些条件下理论是否能够解释数据，如果可以，就能够检验理论的稳健程度[89]。

实验经济学家近年来更加热衷于用实验室中所使用的方法来衡量群体中的个人特征。经济学家和政策制定者们发现，在将新制度引入实际环境之前，先在实验室进行实验和研究，可以产生意想不到的效果。经济环境由若干单个经济参与人与制度组成，而制度是参与人相互作用的依据。其中，参与人的选择主要考虑技术、偏好、信息、资源禀赋等特征。经济学规则说明了因子之间可能发生的作用，以及因子之间相互作用的每种结果。如果实验者有效地解释并实施了这些规则，那么，从理论上讲，规则的实验控制是可以实现的[90]。

实验经济学家对于欺骗性实验设计存在着不同的观点。一类实验经济学家认为，在任何实验场合都不能对被试者进行欺骗，否则就违背了经济伦理，会阻碍实验经济学的长远发展。而有的实验经济学家认为，为了取得更好的实验效果，可以善意隐瞒实验信息，但不能损害被试者的长短期利益[91]。本书采用的实验做法是，在日志本中详细记录所有的实验内容，包括日期、目的、实验对象、所采用的软件及参数值，记录所有研究寻找的事件，并根据情况实施了善意的信息封锁。

在传统经济学研究中，公平实验是一类重要的实验，许多经济学家都实施过公平实验。不过，高校教师的公平实验目前尚不多见，尤其是中国社会环境下高校教师的公平实验尚未系统地实施。因此，在实验经济理论的引导下，借鉴传统公平实验的经验，可以实施我国高校教师公平感知对创新能力驱动效应的实验。

本书的实验主要用于检验我国高校教师公平感知对创新能力的驱动效应，可以将实验中的公平感知思想融入现实高校管理之中，让科学实验和管理实践同步进行，既不需要设置专门的实验室，也不需要招聘专门的实验人员，只需要选择合适的高校组织单位就可以有效地完成实验任务。

笔者作为研究骨干设计和参与了三项公平感知驱动效应实验：第一项是高校教师公平感知对教学创新能力驱动效应实验，第二项是高校教师公平感知对科研创新能力驱动效应实验，第三项是高校教师公平感知对社会服务创新能力驱动效应实验。从2018 年 3 月 1 日至 2018 年 8 月 30 日，经过为期半年的酝酿和筹划，三项实验在三所不同高校于 2018 年 9 月 1 日同时开始实施，至 2019 年 8 月 31 日结束，为期一年。在实验过程中，三项实验的参与人员不断交流实验经验和心得体会，在纠偏与优化过程中稳步推进实验进程，共同提高实验质量。

3.2 高校教师公平感知对教学创新能力驱动效应的实验研究

3.2.1 实验目的

检验高校教师公平感知对教学创新能力的驱动效应，其中，公平感知包括分配公平感知、程序公平感知、人际公平感知、信息公平感知四种感知形态。

3.2.2 实验场景选择

本实验在四川××师范学院经济管理学院展开，该学院是学校二级管理改革试点学院，改革的难点和重点就在教师的教学创新能力方面。该二级学院教师的教学评分率一直较低，教学评分在 90 分及以上的课程比例常年低于 80%，整体教学质量落后于其他二级学院。在该二级学院的 8 个系中，选择一个教学评分近三年一直徘徊于排名后两位的系作为实验场景。

3.2.3　实验筹划与安排

在征得系领导的同意之后，计划于 2018 年 9 月 1 日在该系实施高校教师公平感知对教学创新能力驱动效应的实验。在实验之前，经过与系领导的深度沟通，使对方明白本实验的目的，愿意在管理过程中加大对公平激励思想和方法的输入。该系有 21 名专任教师，在实验过程中，善意地实施了信息封锁，该系全体教师并不知晓实验的进行。整个实验规划、步骤、环节、要点，先由笔者提出，再经过课题组讨论，然后与系领导深度交流，最后付诸实施。

3.2.4　实验设计与实施

（1）在实验筹划阶段，课题组已经了解到由于该系课程的教学难度普遍大于其他 7 个系（这是全院公认的事实），该系教师普遍存在着心理落差，不过，该系教师只有自我调侃式的口头抱怨，并不存在其他要求或举动。

针对这种现象，系领导在学院领导的协助和指导下，召开了几次专题系务会，向全系教师再次宣传了立德树人的重要思想，以进一步提高教师的觉悟和奉献意识，指出大家应重视自己的崇高职业，始终将培育学生作为自己的第一责任。如果过度在名利上斤斤计较，就违背了高校教师的职业伦理，亵渎了高校教师的荣耀和自尊。这种专题系务会分别在 2018 年 9 月、10 月、11 月和 2019 年 3 月共举行了 4 次，效果较为明显。在这种实验过程中，高校教师的收入并没有提高，但是，由于他们的人际公平感知获得了提高，分配公平感知也连带性地提高了。

（2）在实验筹划阶段，课题组了解到，部分教师对于教学分配结果存在不满情绪，认为学校的分配政策没有重视一线教师在学校发展中的价值和作用，因而对教学产生懈怠心理，在教学中缺乏激情，暮气沉沉。

针对这种现象，系领导向相关校领导进行了汇报，认为这种现象并不仅仅存在于该系，这是整个学校范围内的一种普遍现象，学校层面应该引起重视。在这种情况下，经课题组和系领导建议，分管副校长召集部分职能部门管理人员，于 2018 年 10 月 6 日专门面向该系教师举办了一次座谈会，座谈会围绕教学和科研协调发展这一主题，鼓励该系教师畅所欲言。在三级领导的引导、解释、启发下，大部分教师表示，为了学校的长远发展，能够理解并支持学校当前的分配制度。学校分管领导也表示，将启动相关政策的研究制定工作，积极为教师争取课时收入，适当提高课时补助标准。2019 年学校修订相关制度，教师的课时补助标准得到提高。

经过这次交谈，该系教师在教学分配方面的负面情绪明显减少，在常规系务会上很少再抱怨，教学热情明显提高，并经常性地主动进行教学技能交流，谋求教学效果的改进。这项做法后来被学校领导推荐到其他学院的几个教学质量较低的系实施，同样取得了明显效果。在这项实验过程中，该系教师的人际公平感知明显提高，进而增强了教学创新能力。

（3）在实验筹划阶段，课题组了解到，部分教师对学院教学分配的环节存在不满情绪，认为分配标准不透明、不清晰。曾有一次，行政人员一时疏忽计算错了绩效系数，导致一位教师的年终教学奖励少发 4100 元。后经该位教师的多方查证，终于追回了损失，耗时 2 个月，颇费周折。

针对这种现象，笔者启动了异常实验计划，即针对特殊现象或问题进行补充实验。具体内容是，系领导邀请学院相关管理人员，就教学奖励的核算标准、权重、过程对全系教师进行了汇报，回答了部分教师的疑问，让全系教师明白了教学奖励分配的来龙去脉，并对上次的错误核算事件进行了道歉。这次汇报于 2018 年 11 月 2 日举行，使该系教师涣然冰释，不再忧虑自己应得的教学奖励会被人为压低。

经过此次实验，该系教师的程序公平感知获得了明显的提高，进而提高了教学热情，并增强了教学创新能力。

（4）在实验筹划阶段，课题组了解到，个别教师对学生评教结果不满，认为自己的学生评教成绩应该超过某位老师，居于学院前列，因而武断地认为学校存在着人为干预和操控评教系统的行为，存在不公正现象，并在教学时发泄情绪，造成了不良影响。

针对这种现象，系领导先对该名教师进行了心理疏导，明确告诉该教师，不存在人为干预评教系统的情况，评教成绩都是学生评价的客观结果；并劝解，学生评教成绩有所起伏是自然之事，经常发生，当事教师不必背负过大的心理压力，应当面对现实，找出自己的不足，在以后的教学工作中加以改进。随后，在 2018 年 10 月 16 日，系领导专门邀请学校教务处的相关人员，对评教系统的运作流程进行了说明和演示，证明该系统客观、透明、公正，在任何评教过程中都不会存在人为干预行为。经过此次解释和说明，不仅消除了该教师的疑虑，也打消了其他教师的疑虑，从而使教师在教学中能够更为客观地看待自己的长处和不足，不断改进自己的教学方式，而不是动辄将责任外推。

3.2.5　实验结果

由于该系系主任也为本课题组成员之一，因此，实验进展得较为顺利，基本按照预先设计的环节进行。实验发现，经过公平感知的驱动，该系教师的教学创新能力显著增强，教学水平显著提高。至 2019 年 2 月 2 日，该系教师教学评分在 90 分及以上的课程比例达到 82%，2016 年至 2019 年三年来首次超过 80%。至 2019 年 7 月 6 日，该系教师教学评分在 90 分及以上的课程比例达到 91%，这在该系 13 年发展史中前所未有。

3.2.6　实验结论与总结

（1）该系教师的分配公平感知对教学创新能力存在着现实性影响，同时，人际公平感知的提高可以连带性地提高分配公平感知。针对该系教师反映的授课难度高、备课量大的问题，经过课题组与系领导的协商，系领导和学院领导对该系教师进行了心理疏导，加强了思想和职业道德教育，解开了大部分教师的心理“疙瘩”，使他们能够安心地从事教学工作，并积极寻求教学方式的改进。在这个实验过程中，该系教师感受到了来自学院领导和系领导的关怀，人际公平感知明显提高，进而在收入不变的前提下也提升了分配公平感知，增强了教学创新能力。

（2）该系教师的程序公平感知对教学创新能力存在着现实性影响。当该系教师对教学奖励的核算标准及评教系统的运作流程不太了解时，该系教师的程序公平感知受到抑制。系领导采取了若干弥补措施之后，该系教师对教学奖励的核算标准和评教系统的运作流程有了全面、客观的认识，解开了心中的郁结，程序公平感知明显提高，教学改革的动力明显增强，在一定程度上增强了教学创新能力。

（3）该系教师的人际公平感知对教学创新能力存在着现实性影响。当该系教师在全院范围内因教学分配存在心理落差时，系领导和学院领导积极对他们进行了心理疏导。当该系教师对学校的教学分配制度存在不满时，系领导和相关校领导进行了抚慰。当该系教师对学院教学奖励的核算流程产生怀疑时，系领导偕同相关部门领导进行了澄清。当该系教师对学校评教流程的公正性产生怀疑时，系领导偕同学校教务部门领导对评教系统的运作流程进行了演示。所有这些实验行为或管理行为均有效地提升了该系教师的人际公平感知，进而增强了他们的教学创新能力。

（4）该系教师的信息公平感知对教学创新能力存在着现实性影响。当该系教师对学院教学奖励分配核算结果的合理性产生怀疑时，系领导偕同学院相关管理人员将教学奖励的标准、权重、依据等信息对全系教师公开，继而对全院教师公开，并欢迎有疑问的教师提出意见和建议。当该系教师对学校评教系统的公正性产生怀疑时，系领导偕同学校教务部门领导对评教系统运行的环境、设置、数据合成、分数生成等重要环节进行了公开演示，让广大教师充分了解系统的科学性、合理性、客观性。所有这些实验行为或管理行为均有效地提升了该系教师的信息公平感知，进而激发了该系教师从事教学的动力，增强了教学创新能力。

3.3　高校教师公平感知对科研创新能力驱动效应的实验研究

3.3.1　实验目的

检验高校教师公平感知对科研创新能力的驱动效应，其中，公平感知包括分配公平感知、程序公平感知、人际公平感知、信息公平感知四种感知形态。

3.3.2　实验场景选择

在江苏××大学环境学院实施该项实验。该学院的科研能力在学校长期处于中低水平，该学院是学校科研政策改革试点学院，学校曾在七年内委派三任科研副院长来主持科研工作，以期提升学院的科研能力，但效果并不显著。该学院博士生导师、教授、博士在规模和比例上与平行学院大致相当，但科研业绩差距较大。

3.3.3　实验筹划与安排

首先，向学院科研副院长介绍了实验目标，并邀请科研副院长加入本课题组，对方欣然同意。一方面，该科研副院长具有理工科背景，对管理研究产生了一定的兴趣；另一方面，他也希望利用本课题的公平激励思想来深度实施科研激励政策，期待柳暗花明。其次，经过多次筹划，将被试者分为两个层次：第一层次是学院 29 名科研骨干教师，作为重点观察对象；第二层次是全院 132 名教师，包括教辅人员 16 名，作为一般观察对象。再其次，经过讨论，确立实验的主导思路，即将公平激励思想不断融入学院的科研激励政策之中。高校教师的科研激励受学校和学院两级影响，本实验虽然并不触及学院的科研规章制度，但学院的科研激励效果也不容忽视。最后，除了五位院级领导之外，对学院其他教师进行了善意的信息封锁。

3.3.4 实验设计与实施

（1）在实验筹划阶段，课题组了解到，部分教师认为科研工作投入较大，耗费许多精力和时间，而出成绩较慢，大部分投入甚至是无用功，因此他们不愿意再涉猎科研领域，直接放弃科研收入。

针对这种现象，学院为了提高教师的分配公平感知，采取了如下策略：① 适当增加对参与申报项目的教师的奖励。教师只要参与国家级课题的申报，就会获取一定的奖励。如果教师申报的国家级课题进入会评阶段，那么不论最后结果如何，学院都会给予教师 5000 元奖励。② 适当增加对申报国家级和省部级项目获批的教师的奖励，在原有奖励的基础上上调 30%～50%。③ 增加对发表文章的教师的奖励。对于各种级别的期刊，奖励幅度提高 30%～100%不等。这些支出来自学院的学科建设经费。

（2）在实验筹划阶段，课题组通过调查了解到，部分教师认为学校和学院的科研奖励政策的制定和变动存在着随意性，科研奖励政策由极少部分领导所操控，甚至有不懂科研的领导在科研奖励政策的制定中发挥了重要的作用，并不倾听广大教师的意见和呼吁。

针对这种现象，学院实施了科研制度改革，提高了科研骨干教师在科研奖励政策制定和执行中的民主性：① 对于科研奖励政策的制定和执行，从 2018 年 9 月起，学院每三个月召开一次民主座谈会，原则上全体科研骨干教师均被邀参与，非科研骨干教师自愿参与，共同商讨各类政策的修订和完善事宜。② 每周四下午三点为科研副院长专门设立的科研交流和接待时间，欢迎任何教师就科研管理事宜与其进行反映和商讨，尤其是科研奖励政策执行中出现的新问题。③ 关于科研奖励政策的制定和修订依据，科研秘书在受到科研副院长的委托之后，分别于 2018 年 9 月、2018 年 12 月、2019 年 4 月、2019 年 7 月向学院全体教师进行了详细汇报。

（3）在实验筹划阶段，课题组通过访谈了解到，部分教师认为学院在权威期刊的认定和奖励方面存在着向校级领导和院级领导个人专业倾斜的现象，致使部分教师在科研活动中不得不放弃自己的研究方向，转为权威期刊关注的方向，无端耗费了许多精力和时间，滋生了抵触情绪，从而为学院的科研发展带来了一些负面影响。

针对这种现象，学院科研领导和科研秘书在与教师交流时进行了澄清和解释，强调学院的科研发展存在着明确的战略性目标，注重打造优势学科，而学校或学院领导往往是这些优势学科的学术带头人，因此，权威期刊的认定在一定程度上与学校或学院领导的学术方向相关。同时，科研领导也承认这种现象在局部范围内存在，但并不像个别教师所想象得那么严重，同时保证，学院领导将最大限度地减少或杜绝这种现象的再次发生。

3.3.5　实验结果

① 该学院教师的科研工作热情得到明显提高。2019 年 2 月，参与该年度国家级课题申报的教师数量比去年增加 26%。② 该学院的科研工作取得了明显的成效。2019 年度，学院获批国家级课题 7 项，创历史新高，比 2018 年增加 133%。同时，据 2019 年 8 月 31 日汇总，该学年学院科技论文发表与录用量也创历史新高，尤其是权威专业论文的发表和录用量比上一年增长了 112%。考虑到当前论文发表周期较长，因此以录用通知与版面费发票共同作为论文发表的确认标准。

3.3.6　实验结论与总结

（1）学院教师分配公平感知的培育可以提高科研创新能力。科研工作非常辛苦，虽然极少数科研精英的投入产出比或投入收入比高于甚至远高于全体教师的一般水平，但是，就整体而言，从事科研工作的教师群体的投入产出比往往小于不从事科研工作的教师群体的投入产出比。因为对于大部分科研工作而言，投入较大，产出可能为零，甚至是负数。这类收入公平感知虽然难以确切计量，但对于每一位高校教师而言，都心知肚明，人人心里有杆秤，因此，科研激励的动力很难来自空洞的激情鼓励，而分配公平感知可以起到立竿见影的效果。

（2）学院教师程序公平感知的培育可以提高科研创新能力。长期以来，学院科研政策的制定、修订和发布均由学院领导实施，教师很少参与，对于这种状态，领导和教师已经习以为常。殊不知这严重抑制了高校教师的程序公平感知。当相当一部分教师参与到学院科研政策的制定和修订过程之后，其程序公平感知就会获得一定的提高，对科研工作的热情就会得到新一轮的激活。

（3）学院教师人际公平感知的培育可以提高科研创新能力。在学院长期的科研管理中，学院领导很少征求教师的意见，因此，学院教师人际公平感知也一直较弱，很难发挥出对科研创新能力的驱动功能。在学院实施了科研副院长接待会制度之后，学院教师的意见得到了一定程度的重视，学院教师感受到了来自管理层的尊重，因此，人际公平感知逐渐增大，对科研创新能力的驱动效应也愈明显。

（4）学院教师信息公平感知的培育可以提高科研创新能力。在学院长期的科研管理中，科研政策的制定和修订依据基本上由学院领导内部商定，广大教师知之甚少，因此，学院教师信息公平感知较弱。当科研副院长就学院权威期刊认定问题和科研秘书就科研政策的制定和修订依据，向全体教师开诚布公地解释和说明之后，许多教师的疑惑明显减少，或者涣然冰释，信息公平感知明显提高，科研阻碍心理明显减弱，科研热情随之高涨。

3.4 高校教师公平感知对社会服务创新能力驱动效应的实验研究

3.4.1 实验目的

检验高校教师公平感知对社会服务创新能力的驱动效应，其中，公平感知包括分配公平感知、程序公平感知、人际公平感知、信息公平感知四种感知形态。

3.4.2　实验场景选择

选择湖南××大学机械工程学院作为实验对象。该机械工程学院的专业排名在湖南省处于第一位，在全国也名列前茅，在社会中影响较大，各类产学研合作、军民融合、产教融合以及其他各类社会服务项目较多，承担项目情况不仅在该大学各学院中处于领先位置，也在全省名列前茅，是学校产学研政策改革试点学院。校领导认为该学院在社会服务方面仍然存在着一定的潜力，希望该学院深挖潜能，增强教师的社会服务创新能力，进一步扩大社会服务规模和提高声誉。

3.4.3　实验筹划与安排

首先，对该机械工程学院的社会服务情况进行大致的调查和了解，较为全面地掌握近年来学院社会服务的成效和趋向，以及来自学校的期盼和要求。其次，课题组与机械工程学院院长取得了初步联系，经过三次沟通，将实验目的、方法向院长进行了详细的汇报，同时邀请该院长作为本课题组的顾问。学院领导经过考虑，同意了本课题的实验方案，愿意将公平激励的思想和理念逐渐应用到对全院教师社会服务创新能力的激励之中。再其次，在笔者的参与下，课题组两位成员与两位学院领导一起制定了实验提纲，设计了实验步骤，预测了实验过程中可能发生的突发事件，并进行了相应的准备。最后，课题组决定，为了确保实验质量，对学院全体教师进行善意的信息封锁，不透漏实验信息，实验为期一年。

3.4.4　实验设计与实施

（1）在实验筹划阶段，课题组了解到，学院的相当一部分教师对学校横向课题的管理制度存在异议，包括项目绩效比例较低、管理制度不透明、制度变动的随意性较大等。由于机械工程学院的社会服务项目经费在全校一直遥遥领先，因此，较其他学院教师而言，该学院教师更为关注产学研合作、军民融合等社会服务项目管理的制度制定与实施问题。

针对这种现象，学院邀请学校科技处相关领导和人员就横向课题管理制度的若干问题向全院教师进行汇报，同时与教师进行深度交流，回答了一些教师的疑问，对管理制度设计和执行中教师疑问之处进行了解释，并答应向学校分管科技的副校长和科技处处长详细反映教师的若干需求，尤其是提高项目绩效比例的需求，从而使许多教师的情绪得到了妥善的安抚。自 2018 年 9 月至 2019 年 8 月，学院共举行了 3 次这样的交流会，效果较为明显。

（2）在实验筹划阶段，课题组了解到，部分教师对学院领导的社会服务课题（横向课题）来源的规范性存在质疑，认为部分学院领导或学院领导的部分横向课题的获取存在着不公正性，认为部分学院领导利用学院公共资源来谋取个人课题，进而谋取个人私利。

针对这种现象，学院请校学术委员会主席开展了政策讲座，对上级管理部门制定的发展规划进行了解释，并阐述了该学院产学研策略制定的原因。在后续两次学院教授委员会开会时，邀请了 3 ~5 位普通教师旁听。这些举措有效提升了高校教师的人际公平感知。同时，采取了横向课题信息公示制度，无论是学院领导的社会服务项目，还是一般教师的社会服务项目，都尽可能地进行必要信息的公示，提高社会服务项目个人申报、实施、验收过程的透明度，提高教师的信息公平感知，缓解教师在社会服务方面的负面情绪，进而激发教师参与社会服务的热情。自 2018 年 9 月起，在不泄露合作单位商业秘密的前提下，公示制度开始实施，尤其对学院领导的社会服务项目进行重点公示。

3.4.5 实验结果

① 由于该学院机械工程专业在湖南省内具有较大的社会影响，因此，该院教师在参与社会服务方面具有得天独厚的优势。随着实验的深入，或者说随着公平激励制度的实施，该学院教师参与社会服务的热情明显上升，许多之前未触及社会服务领域的教师主动参与到项目团队之中。对于整个学院而言，社会服务面貌焕然一新。② 随着公平偏好实验的稳步推进，学院社会服务规

模也在稳步扩大。2018 年 9 月至 2019 年 2 月，学院社会服务项目经费较上一年度同时间周期增长 31%，到账经费 782.19 万元。2019 年 3 月至 2019 年 8 月，学院社会服务项目经费较上一年度同时间周期增长 39%，达到 1029.19 万元，创下近 10 年来同时间周期的历史新高。③ 一些教师过去在社会服务领域存在着畏惧心理，社会交往能力不强，但经过公平激励之后，一些教师开始实现零的突破，并在一些专业技术领域崭露头角，寻找到了自己的发展方向。

3.4.6　实验结论与总结

（1）学院教师的分配公平感知对社会服务创新能力存在着现实性的促进效应。在社会服务项目实施过程中，机械工程学院教师需要投入相当一部分精力和时间，若项目绩效比例较低，则学院教师的投入与收入比将会下降，社会服务的积极性就会被削弱。在学校允诺可以适当提高项目负责教师的绩效比例之后，教师的分配公平感知将会上升，因此，教师就会在社会服务方面投入更多的精力和时间，并在多个方面谋求社会服务方式的改进和升级。

（2）学院教师的程序公平感知对社会服务创新能力存在着现实性的促进效应。近两三年来，学校对于横向课题的管理制度多次发生变化，引起了许多教师的不满。当科技处领导和相关人员结合国家的科技管理制度、事业单位财务管理制度、学校战略目标调整等宏观环境要素对横向课题管理制度变化的原因进行阐释之后，教师的不满情绪明显缓解，不再纠结于制度所带来的变化，程序公平感知明显提升，社会服务创新能力明显增强。

（3）学院教师的人际公平感知对社会服务创新能力存在着现实性的促进效应。当学院教师对领导横向课题获取的公正性和横向课题管理制度部分内容的合理性质疑之后，学院领导和科技处领导出面解释，予以澄清，并采取了相应的弥补措施，打消了许多教师心中的疑虑，从而使教师的人际公平感知获得了提升，进而增强了社会服务创新能力。

（4）学院教师的信息公平感知对社会服务创新能力存在着现实性的促进效应。由于部分教师认为在社会服务项目获取过程中存在着不公平竞争，且学院领导长期未对此事进行必要的解释，因而削弱了学院教师的信息公平感知。社会服务项目公示制度的实施在一定程度上弥补了这一不足，有效地提升了学院教师的信息公平感知。

3.5　高校教师公平感知对创新能力驱动效应的实验启示

总结高校教师公平感知对教学创新能力、科研创新能力、社会服务创新能力驱动效应三个实验，可以得到如下启示：

第一，我国高校教师的分配公平感知、程序公平感知、人际公平感知、信息公平感知对教学创新能力、科研创新能力、社会服务创新能力的成长具有程度不等的驱动效应。在一定的教育管理环境下，如果提高高校教师的各类公平感知，可以有效增强高校教师的创新能力。不过，对于我国高校教师这个群体而言，各类公平感知对各类创新能力的具体驱动路径及具体改进方向，尚不清晰。

第二，高校管理者应该重视分配公平感知对创新能力的基础性驱动作用。高校教师的各类公平感知对创新能力的成长均存在着驱动作用，而分配公平感知是最为基础的驱动力。如果没有分配公平感知，那么其他公平感知的驱动作用就无从发挥。对于高校教师而言，收入集合并不仅仅包括工资、奖金、福利等元素，也包括荣誉、职称、职位等元素。高校教师一般对分配公平较为敏感且能够对其进行准确判断，尽管高校教师无法精确衡量分配公平感知，但这种判断对创新行为的影响较为显著。

第三，高校教师的各类公平感知之间存在相互影响，高类公平感知的成长有助于驱动低类公平感知的成长。具体而言：① 程序公平感知、人际公平感知、信息公平感知的成长有助于驱动分配公平感知的成长；② 人际公平感知和信息公平感知的成长有助于驱动程序公平感知的成长；③ 信息公平感知的成长有助于驱动人际公平感知的成长。

第四，善意的信息封锁在一定环境下是可行的，且有必要，可以确保实验质量达到预期的目标。本章的三项实验均对实验对象封锁了实验信息。实验结束后，相当一部分实验对象知晓了实验的存在，也未提出异议。事实证明，在经济学实验中可以进行善意的信息封锁，但不要偏离“善意”本身，更不能触碰管理伦理和社会公德。

第五，实验研究存在一定的前沿性、科学性和引导性，但也存在一些不足，对事物运作的微观机理未能给予全面的阐释。实验研究表明，高校教师的分配公平感知、程序公平感知、人际公平感知、信息公平感知对教学创新能力、科研创新能力、社会服务创新能力均存在程度不等的驱动效应，但是，这些公平感知对创新能力驱动的微观路径尚不知悉，目前无法识别和判断各类公平感知要素通过何种个体行为和组织行为来驱动各项创新能力的成长。因此，在实验研究的基础上，可以借助扎根理论的思想和方法，对高校教师公平激励的微观机理进行解析，梳理出分配公平感知、程序公平感知、人际公平感知和信息公平感知对创新能力驱动的路径，为高校教师公平感知培育的进一步研究做好理论准备。

3.6　本章小结

已有一些研究在关注高校教师公平感知在创新能力培育中的驱动作用。然而，公平感知对创新能力驱动效应的存在性并没有得到全面的论证。本章基于实验经济学的思想和方法，分别实施了高校教师公平感知对教学创新能力驱动效应实验、高校教师公平感知对科研创新能力驱动效应实验、高校教师公平感知对社会服务创新能力驱动效应实验，并对三项实验的目的、场景、筹划与安排、设计与实施、实验结果、实验结论与总结进行了介绍，证明了高校教师分配公平感知、程序公平感知、人际公平感知、信息公平感知对创新能力存在着现实性的驱动作用，从而为高校教师公平感知对创新能力驱动研究的深化提供了理论支持。

第 4 章　高校教师公平感知对创新能力驱动效应的扎根理论分析

公平激励理论已经较为成熟，在各行各业发挥了重要的作用，包括分配公平、程序公平、人际公平、信息公平四种基本的形式。然而，在不同的行业中，一方面，公平要素的内部结构并不相同，在不同行业公平要素反映着不同的行业特征，另一方面，各行业公平激励的微观机理、方式、路径存在着较大的差异。只有洞悉这些行业差异性，才能更为有效地发挥公平激励的作用。根据实验研究可知，高校教师公平感知在创新能力驱动中已经发挥了现实性的作用，驱动了高校教师创新能力的成长。然而，在高校教师创新领域，公平感知的内部结构及其对创新能力驱动的微观机理、方式、路径尚不清晰，未形成完整的理论体系，因而本章在实验研究的基础上，鉴于扎根理论的特性，采用扎根理论的思想和方法来深度解析高校教师公平感知对创新能力驱动的微观机理，并设计相应的理论模型。

4.1　扎根理论在高校教师公平感知对创新能力驱动效应分析中的应用

扎根理论形成于社会学，但应用范围早已扩展到几乎所有的社会科学领域，包括管理、教育、心理、商业、护理等。目前，在社会科学领域掀起了运用扎根理论方法来研究各种社会现象的热潮。扎根理论强调理论的先验性，认为在一定理论引导的前提下，或者在前期研究的基础上，扎根理论会产生更为真实、系统、明确、边界清晰的结论。扎根理论被誉为“走在质化研究最前沿的模式”“社会科学的主导性研究范式”“系统化的社会科学研究形式”，为社会科学的发展提供了具体的研究方法，其基本原则逐渐演变为质化研究的一般性指导原则[92]。

扎根理论在生动的、活泼的、丰富的资料的基础上“创造性地归纳和凝聚新理论”，不仅远离宏大的、虚假的、与现实生活不一致的理论，也摒弃微观的、操作性的、经验主义的假设，追求存在于这两者之间的中观理论，而这种中观理论适用于特定的时间和空间[93]。在扎根理论研究中，不需要对预先设定的假设进行逻辑推演，而是以现有的资料为切入点，直接进行归纳分析，从而为理论赋予经验事实的依据，如果理论能够被事实所反复检验，就可以有效地指导人们的具体生活实践[94]。

在扎根理论的实施过程中，强调理论扎根于所收集的资料，这正是称之为“扎根”理论的原因。扎根理论不仅遵循自然科学量化研究的原则，例如科学、严谨、可重复检验等，也实施资料收集和分析，这样，就很好地确保了研究深度、效度和弹性，进而也具备了理论性和具体性[95]。正是因为扎根理论具有系统化的资料收集程序与分析方法，才使其在质化研究中独具一格。对于扎根理论而言，“质”的性能体现于资料收集，“量”的性能体现于分析策略，尤其体现于编码技术，因为编码技术的量化特征更为典型。当然，理论建构只是扎根理论的前半阶段，在扎根理论的后半阶段，还需要用收集到的资料来验证理论。只有系统地完成建构理论和验证理论之后，才算实现了一个完整的“扎根理论”研究。

扎根理论的研究结果是对现实的理论呈现，研究者需要采用具有一定抽象程度和概括性的语言对结果进行表述。本书中扎根理论的主要思想包括如下要点：一是从高校教师访谈资料中建构理论，强调只有通过对资料的分析才能形成理论框架（笔者依据自己的研究积累、工作经验和生活阅历从纷繁复杂的高校教育教学活动中收集高校教师访谈资料）；二是让理论具有高度的敏感性；三是运用不断比较的方法，一边在资料之间进行比较，一边在理论之间进行比较，进而基于理论与资料之间的关系来提炼类属、凝练属性；四是理论抽样，在进行高校教师访谈资料收集和分析的同时，不断检验初期的理论假设，再进行理论抽样，去除不相关的资料，关注与理论建构具有直接关系的资料[96]。

第 3 章的实验研究已经验证，高校教师公平感知对创新能力存在驱动效应，然而，公平感知的内部结构及其对创新能力驱动的微观机理尚不清晰，目前并未形成稳定而成熟的理论体系，只存在分散的、零碎的、片面的研究，因此，可以通过扎根理论方法构建完整的理论模型。

4.2　高校教师公平感知对创新能力驱动的资料收集

扎根理论可以深入研究现象的生活背景之中，利用观察和非结构化访谈来收集资料，进而利用若干量化技术对资料进行分析，以深度理解和解释所面对的社会现象。从研究设计和资料收集的视角来看，扎根理论属于质化研究的范畴。

一般而言，扎根理论的资料收集方法包括观察法和访谈法两种类型，前者是指研究者利用自己的感官，或者借助辅助工具有针对性地或者直接地了解正在发生、发展和变化的社会现象，后者是指针对某种社会现象进行访谈[97]。

由于公平感知存在着浓重的心理特征，不宜采用观察法，因此，本书采用访谈法来收集关于高校教师公平感知下创新能力培育路径的原始资料。在扎根理论中，数据访谈主要采用无结构式访谈，以区别于量化研究中的结构式访谈。相比于无结构式访谈，结构式访谈缺乏弹性，也缺乏灵活性。无结构式访谈既是一种自由访谈，也是一种深度访谈，既不遵循固定的程序，也不借助于先期设计的问卷，而是访谈双方围绕着某一预设的主题进行交流，以获取更为贴近生活的质化资料。

无结构式访谈可以是正式访谈，也可以是非正式访谈。正式访谈是有准备的访谈，可以预先设计、安排、预约。非正式访谈是偶然性的闲聊，较为随意，不需要预先准备，发生于日常生活之中。无结构式访谈又可分为个别访谈和集体访谈两种形式，前者是指对个别对象进行单独访谈，后者是指将若干个对象集中起来，同时进行交谈[98]。

在文献综述和实验研究的基础上，已经确认高校教师公平感知对创新能力存在驱动效应，然而，具体的驱动机理尚不清晰。因此，基于本书的研究目标，在扎根理论分析中，将访谈对象确定为高校教师，访谈主题确立为“高校教师公平感知对创新能力驱动的行为模式和传导路径”，访谈目的定位为解析高校教师公平感知的内部结构体系及其对创新能力驱动的微观机理、路径、方式、传导过程，因而采用正式、个别、无结构式访谈方法。自 2019 年 9 月 1 日至 2020 年 2 月 21 日，课题组在全国范围内采用面谈、电话访谈、视频访谈等多种访谈形式访谈了 27 位高校教师，获取了 27 份原始资料，为扎根理论的深入研究奠定了资料基础。

访谈对象特征如性别、年龄、职称、民族、学位、专业、所属单位、从教年数等如表 4-1 所示。

表 4-1 访谈对象特征

被访序号	性别	年龄	职称	民族	学位	专业	所属单位	从教年数
1	男	49	教授	汉族	博士	安全管理	中国矿业大学	11 年
2	男	52	教授	汉族	博士	车辆工程	江苏大学	22 年
3	女	37	副教授	汉族	博士	能源	西安交通大学	7 年
4	男	40	讲师	朝鲜族	博士	计算机	延边大学	9 年
5	男	34	副教授	汉族	博士	化工	乐山师范学院	5 年
6	男	51	副教授	汉族	博士	物理	哈尔滨工程大学	26 年

续表

被访序号	性别	年龄	职称	民族	学位	专业	所属单位	从教年数
7	女	44	副教授	回族	硕士	生物工程	宁夏大学	17 年
8	女	38	讲师	汉族	博士	交通运输	重庆大学	8 年
9	男	39	副教授	汉族	博士	园林规划	东南大学	8 年
10	男	42	教授	汉族	博士	民族学	云南大学	15 年
11	男	40	讲师	满族	博士	木材加工	东北林业大学	6 年
12	男	43	副教授	汉族	硕士	海洋生物	暨南大学	8 年
13	女	56	教授	汉族	博士	中文	厦门大学	31 年
14	男	50	副教授	汉族	硕士	材料	河南大学	16 年
15	女	52	副教授	汉族	硕士	旅游	扬州大学	19 年
16	女	57	副教授	壮族	博士	机械	广西大学	35 年
17	男	43	副教授	汉族	博士	食品加工	江南大学	10 年
18	女	38	讲师	汉族	博士	机电	湖南大学	4 年
19	男	35	讲师	汉族	博士	财会	昆明理工大学	5 年
20	男	32	讲师	汉族	硕士	市场营销	山东理工大学	4 年
21	女	36	副教授	蒙古族	硕士	自动化	北京交通大学	7 年
22	女	44	副教授	汉族	博士	俄语	江苏师范大学	17 年
23	男	47	副教授	汉族	博士	软件工程	武汉大学	11 年
24	男	51	教授	汉族	博士	西方哲学	北京师范大学	15 年
25	男	50	副教授	汉族	博士	临床医学	复旦大学	17 年
26	女	29	讲师	布依族	博士	国际贸易	贵州财经大学	2 年
27	男	33	讲师	汉族	博士	电气工程	西安电子科技大学	4 年

4.3　高校教师公平感知对创新能力驱动的资料分析

资料分析的过程包括开放式编码、主轴式编码和选择式编码三个阶段，进而形成理论模型。

4.3.1 开放式编码

开放式编码的目标是对现象予以命名和类属化，主要方法是对资料进行密集检查，先打散所收集的资料，再赋予概念，重新组合。第一步是赋予现象以标签，第二步是发现类属，第三步是对类属进行命名，第四步是对类属进行概念化。开放式编码要求研究者始终保持开放的心态，不能带有个人偏见，也不能预设研究定势，而是按照原始资料固有的形态进行编码，发现类属并进行命名。当类属的属性和维度被确立之后，再命名研究对象，并加以类属化。

开放式编码的第一步是“赋予现象以标签”，即打散资料中的每一个句子，赋予各种现象以标签。第二步“发现类属”实质上是将同一现象的标签归类，并以一个高度共享的类别概念将这些标签汇集起来。第三步“命名类属”是继续抽象类属，使用一个特定的名称对概念相同的类属进行统括。这个名称可以自己创建，也可以借用成熟类属。第四步“概念化类属”是赋予已经命名的类属具体属性，并进行维度划分，以进一步扩展类属所涵盖现象的特征，这一行为是对开放式编码的抽象和总结，可以有效建立主要类别和次要类别之间的联系，因而具有承上启下的作用[99]。

由此可见，开放式编码是扎根理论的基础，是对所收集到的原始资料的尝试性探索，所产生的理论解释也较为初级，远未定型。开放式编码的实施一般遵循如下原则：第一，严格审核原始资料，不能遗漏任何重要的、关键性的信息；第二，尽可能地将访谈过程中得到的原生语言作为代码；第三，命名代码，认真考虑相关的词语、短语、句子、事件、行动、意义等属性与研究目标的关联性；第四，梳理、解析、整合相关概念的主要维度。

基于原始资料，本书的开放式编码示例（节选）如表 4-2 所示。

表 4-2　开放式编码示例（节选）

访谈摘录	原生代码
受访者序号：1 号 我国当前高等教育存在一个较为明显的问题，就是创新能力不强。尽管投入的资金不少，但创新精神的培育仍不理想。高校教师创新能力的培育是高校创新精神培育的基础。如果高校教师缺乏创新能力，高校就谈不上什么创新精神。……高校教师的创新能力包括两个主要方面——教学和科研，近几年来，随着我国教育改革的深化，各高校倡导教师走出校门，为社会服务，因而高校教师的创新能力还包括社会服务创新能力。要做一名合格的高校教师，就不能因循守旧，要进行创新，只有不断超越自己，不断实现自我突破，才能使自己充满活力，才能为学校的发展做出更大的贡献。在教学、科研、社会服务方面，每类创新都有具体的内容。有些人认为教学无法创新，这是不对的，其实，在教学方法、教材选择和修订、教学设备的使用方面，尤其是教学理念升级方面，都可以进行创新，也都需要创新。另外，目前高校实施的国际化教学对许多在任教师是一个挑战，更需要教师摸索、探索，不断强化自我修炼，提高自己的能力，尽快适应国际化教学的需求。……	创新能力 高校教师创新能力 创新精神 教学创新、科研创新 社会服务创新 超越自己、自我突破 教学创新 教学方法创新 教学理念创新 国际化教学创新 修炼自己 国际化教学
受访者序号：3 号 创新是必要的，但创新的动力来源于哪里？为什么我国高校教师的创新能力不尽如人意？这是极为现实的问题，也是需要决策者深入思考的问题，但很少有人深入考虑过这方面的问题。你们提出从公平激励的视角来寻找创新驱动的路径，我认为很好，很值得研究。高校教师是一个特殊的群体，对公平存在着天然的偏好，这种偏好反过来会影响自己的行为，进而产生创新能力。如果高校教师受到不公平待遇，就会产生抵触、愤怒、抑郁的心理，这样一来，本职基础工作都难以做好，创新更无从谈起。我们身边有好多这种例子。高校教师的激励是一个很复杂的问题，无法测度、无法衡量，只能靠教师的激情。这个激情从何而来，我想，外部制度的作用是有限的，只有从内心产生这种激情，才能产生激励作用。公平感确实是一个较好的激励因素，如果有办法提高高校教师的公平感，那么我相信他们在工作中就会充满活力。……	高校教师创新能力 公平激励 公平偏好 不公平待遇 创新缺失 制度驱动 公平感激励 提高公平感 充满活力

续表

访谈摘录	原生代码
受访者序号：6号 我们都承认我们生活在一个公平的社会，处于一个公平的环境，但由于人口数量极为庞大，具体到每个人，又都或多或少认为自己受到了一些不公平待遇，认为自己在职称晋升和职务竞争方面受到不公平待遇，办公条件不如人、教学评奖打了折扣、教学能力没有被领导认可，等等，五花八门。……	受到不公平待遇 职称晋升公平 教学评奖公平 教学能力被领导认可
受访者序号：7号 其实，高校教师所关心的有关公平的地方太多了，关心自己在工资收入上是不是吃亏了，会与同事、学校内其他学院的老师、其他学校的老师相比；认为自己的能力并不差，自己的水平并不低，自己的投入并不少，却不理解为什么收入没有其他老师高。……高校教师还会在奖励、课时费、办公条件、职工福利方面和其他老师相比。如果高校教师长期感受到不公平，并将这种感受长期压抑在心里，那么他们不仅会发牢骚，更为严重的是，他们会敷衍工作，得过且过，不求上进。在我们身边时有发生。如果高校教师感受到不公平，就会认为学校亏待了自己，认为学院不重视自己，就会产生失落感，反过来对学校和学院产生抵制心理，认为学校和学院的发展与自己无关，冷漠视之，不再关心学校和学院的发展问题，产生了做客思想。在这种思想的支配下，高校教师的积极性和主动性就会被磨灭，创新冲动就会荡然无存。可见，如何消除高校教师心中的不公平感觉，应该是引起高校管理者重视的一个问题。高水平的管理者应该看到这一点，不能视而不见，不能只做表面文章，要深入高校教师的内心世界，了解他们在想什么，想做什么。……	工资公平 相对公平 奖励公平 办公条件公平 不公平感 失落感 抵制心理 做客思想 积极性和主动性被磨灭 消除不公平感觉

续表

访谈摘录	原生代码
受访者序号：11 号 想要调动高校教师的积极性，就要提高他们的公平感。高校教师不仅注重分配的结果，也注重分配的过程，如果他们认同这个过程，就会减少抑郁感。比如，高校教师如果知道职称晋升制度的制定是公开的，是集体讨论决定的，职称晋升制度的制定不会刻意照顾某一个人或某一群体，那么，即使他们晋升失败、竞争失败，也不会有怨言。所以，我认为，不管是在学校层面还是在学院层面，在各种制度设计上要让高校教师具有知情权，让他们知道这些制度是如何制定的，是在什么环境下制定的，为什么要这样制定，尤其要重视职务晋升、职称评审、出国进修委派方面。如果这方面做好了，高校教师就不会有什么怨言，就会坦然接受竞争的结果，任劳任怨地努力工作。……	提高公平感 分配公平 职称晋升公平 集体讨论 不会有怨言 具有知情权 职务晋升知情权 职称评审知情权 任劳任怨努力工作
受访者序号：14 号 我觉得，从公平感提高的方向来探索高校教师创新能力培育的路径，这个角度选得好。追求公平是人的天性，高校教师对公平更为敏感。许多高校教师平时不言不语，并不是说没有公平追求，而是将这种追求隐含于内心。……当前，高校教师对公平的诉求不仅表现在工资、津贴、课时费、职称职务方面，也表现在精神寄托方面，他们追求人格和尊严上的公平，希望自己受到应有的尊重，自己的工作和价值被承认。他们不仅希望得到系领导的尊重和承认，也希望得到学校和学院领导的尊重和承认。……	提高公平感 高校教师更为敏感 工资、津贴公平 人格和尊严公平 工作和价值被承认 学校和学院领导尊重

续表

访谈摘录	原生代码
受访者序号：16 号 对于一个大学而言，分配公平越好、民主氛围越浓，大学就越充满活力，教师的创造性就越强。我做了 35 年大学教师，在中层领导岗位上干了 23 年，对这方面深有感触。高校教师是典型的知识分子群体，对公平的向往是其他群体不可比拟的，公平感知直接决定他们对组织的态度、对学校和学院的态度，进而影响到他们的教学态度、科研态度。只有在公平的环境下，高校教师的创造力才有可能提高，才有可能迸发。……作为高级知识分子群体，高校教师对公平有自己特殊的理解，他们不仅关注结果是否公平，也会关注导致这种结果的过程是否公平，关注领导的态度和行为是否符合民主的原则，关注自己在工作、科研、社会服务方面是否受到领导的重视，关注职称评审的流程是否受到权力的干扰，关注系、学院、学校的财务是否公开，公开的程度有多高，等等，这些对高校教师潜力的挖掘均存在内在的影响。总之，要用发展的眼光来看待公平。……	公平分配 教师创造性强 公平向往 教学态度、科研态度 关注结果公平 关注过程公平 领导重视 职称评审流程透明 财务公开 公平激励
受访者序号：19 号 高校要克服官僚主义，要始终与官僚主义作斗争。学校各级领导要尊重教师，尊重教师的教学成果、科研成果、社会服务成果，要主动解决教师在工作和生活中遇到的困难，与教师同甘共苦、同心同德，不要高高在上，不要有官僚主义思想，这是教师对公平的追求。此外，高校要对高校教师的价值理念进行合理引导、关怀、纠偏，让高校教师具有健康的情怀，这也是一种公平诉求。在当前的环境下，高校教师的公平感受并不限于工资、奖金、课时费方面，也包括心理、情感、尊重方面。……要做到信息透明，不仅要让高校教师理解制度设计的来龙去脉，也要使他们知晓制度执行的过程和结果，只有这样才能削弱他们心里的不公平感受，恢复他们的创造性，使他们更好地投身于教学和科研。……	尊重教学和科研成果 解决工作和生活困难 不要有官僚主义思想 价值理念引导 情感关怀 公平感受 工资和奖金公平 信息透明 知晓制度执行的过程 创造性

续表

<table>
<tr><th>访谈摘录</th><th>原生代码</th></tr>
<tr><td>受访者序号：22 号
公平感知对高校教师创新能力存在驱动效应，这无疑是正确的，在教育改革大潮中，公平感缺失有时会存在。社会所有群体，包括高校教师，所追求的公平是一种相对公平，不是绝对公平，即高校教师通过对比自己的努力或者付出与回报与别人的付出与回报，感受到相对公平。只有清晰地认识到这一点，才能做好公平激励和引导。如果把相对公平理解为绝对公平，那就错了。……当然，高校教师对于公平的理解，不只是看拿到多少工资、得到多少奖励。有的人，工资比别人高、奖励比别人多，他还是有怨气，这是为什么呢？因为他希望在情感上得到满足，自己的价值能够被领导和同事尊重，自己的意见能被领导所重视。……</td><td>公平感知驱动
缺乏公平感
追求相对公平
公平激励
工资公平
奖励公平
情感满足
领导尊重和重视</td></tr>
<tr><td>受访者序号：23 号
公平和正义是一对孪生子，当高校教师感受到公平的时候，就会感到所在的组织充满正义，感到学校、学院存在着公正的氛围，就会认为自己受到了应有的关怀。这个时候，高校教师不管处于什么岗位、担任什么职务，都会感到自己受到了领导较为公正的对待，感受到来自组织关怀的温暖，感受到自己的付出得到了应有的奖励；不会无端嫉妒别人获取的奖励，同时，会提升自己对工作条件的满意度，在心理上能够与所在的组织达成共鸣，会极力适应工作条件，而不是怨声载道。可见，公平感知蕴含了丰富的内涵，能够使高校教师获得莫大的身心愉悦感，从而激发他们的主人翁精神，真正将自己当作学校或学院的一员，继而对学校充满期待和认同，理解学校管理中的无奈之举，宽容学校管理中的不足之处，真心希望学校的发展越来越好，在各种场合下积极维护学校的声誉。以上这些都会为高校教师创新能力的开发创造有利条件。</td><td>感受公平
学校和学院公正氛围
受到关怀
领导公正
组织关怀
工作条件满意
适应工作条件
身心愉悦感
主人翁精神
对学校充满期待
真心希望学校发展
维护学校声誉
创新能力</td></tr>
</table>

续表

访谈摘录	原生代码
受访者序号：25 号 创新是民族的灵魂，也是教育的灵魂。我国高等教育最缺乏的就是创新能力。目前，除了要重视教学创新、科研创新外，还要重视社会服务创新。许多高校教师参与了产学研、军民融合、产教融合，甚至开办了公司，做了股东，既对社会发展做出了直接的贡献，也顺应了当前教育改革的潮流。但是，高校教师进行社会服务的模式不能太单调，不能局限于几种常规的形式，要不断探索，打破窠臼，在服务理念和方法上不断突破，进而形成灵活机动的、更为合适的服务模式，创造出更大的服务价值。……国际化服务是一种新兴的服务，与国际化战略相适应，其鼓励高校教师走出国门，与海外企业接轨、与跨国公司接轨，在国际平台上发挥自己的才能。在“一带一路”倡议下，国际化服务面临着更大的需求，高校教师也面临着更大的挑战，需要坚持不懈、勇于探索，在国际化服务的发展中走出属于自己的道路。……	教学创新和科研创新 社会服务创新 对社会发展做出贡献 社会服务模式单调 服务理念和方法上突破 创造服务价值 国际化服务 国际平台上发挥才能 国际化服务 探索国际化服务模式
受访者序号：27 号 高校教师的公平感越强，对自己所在学校、学院、系、研究所的认同感就越强，不仅会认同组织的存在方式，也会认同组织的价值理念，同时还会认同组织的发展目标，对组织的态度更加包容，不会吹毛求疵。……公平感知是一个系统，是一个可以无止境优化的系统，高校教师的公平感知越强，其对学校的认同感就越强，创新精神就越足。长期以来，高校教师的公平感知方面被忽视了，我国要重视高校教师对公平的追求。只有给予高校教师充分的公平保障，才能陶冶他们的情操，激发他们的奉献精神。……	高校教师公平感 学校和学院认同感 认同组织的价值理念 公平感知 创新精神就越足 高校教师公平追求 公平保障

4.3.2 主轴式编码

主轴式编码的主要目标是发现和建立核心类属概念和次要类属概念之间的联系，以新的方式将分散的资料重新组织起来。在实施主轴式编码时，每一次编码只能深度分析一个类属，寻找其内外部的相关关系。因为研究模型的设计基于某一具体的类属，所以这个类属就可以确立为模型的主轴，体现了语义式关系、结构式关系、因果式关系等。类属的关系模式较为具体，因而要明确界定模式中的核心类属和次要类属。在类属模型的基础上可以继续构建行动导向下或互动导向下的理论雏形。

主轴式编码的最终目标是构建一个理论模型，其具体包括四个阶段：第一阶段的任务是在核心类属和次要类属之间构建明确的关系，第二阶段的任务是利用所收集的资料来证明这种关系的存在性或存在价值，第三阶段的任务是确定每一个类属的属性和维度，第四阶段的任务是通过模型来探索和解释收集到的现象[100]。

在开放式编码的基础上，主轴式编码的内容（节选）如表 4-3 所示。

表 4-3　主轴式编码

原生代码	对应范畴	范畴内涵	主范畴
工资收入满意	工资分配公平	高校教师对工资类收入的公平感知	主范畴 1：分配公平感知
不比其他高校少			
对福利满意			
与他校课时费相当	课时分配公平	高校教师对课时费收入的公平感知	
课时费满意			
关注课时津贴			
科研投入产出	科研分配公平	高校教师对科研收入的公平感知	
科研补助满意			
科研奖励满意			
子女入托	福利分配公平	高校教师对福利收入的公平感知	
工会福利满意			
关心福利			
不嫉妒他人收入	服务分配公平	高校教师对社会服务收入的公平感知	
社会收入合理			
社会服务收入			
合理获取社会收入			

续表

原生代码	对应范畴	范畴内涵	主范畴
涨薪公示	工资程序公平	高校教师对工资类收入分配过程公平程度的认知	主范畴2：程序公平感知
工资结构信息			
职称晋升标准	职称程序公平	高校教师对职称晋升标准及执行过程公平程度的认知	
职称晋升信息公示			
职务晋升透明化	职务程序公平	高校教师对职务晋升标准及执行过程公平程度的认知	
摒弃暗箱操作			
荣誉公平竞争	荣誉程序公平	高校教师对荣誉授予标准及执行过程公平程度的认知	
评审标准公开化			
进修标准透明化	进修程序公平	高校教师对进修选拔标准及实施过程公平程度的认知	
民主决议			
教学方法得当	教学人际公平	高校教师认为自己的教学成果被认可的程度	主范畴3：人际公平感知
教学成果奖励			
学生评教			
重视教学			
教学与科研并重			
科技政策民主性	科研人际公平	高校教师认为自己的科研成果被认可的程度	
科研成果被重视			
精诚合作			
科技实力评估			
公司器重			
学校和学院支持	社会人际公平	高校教师认为自己的能力被社会认可的程度	
满足社会需求			
同事赞同			
科技服务平台			

续表

原生代码	对应范畴	范畴内涵	主范畴
学校、学院关怀	关怀人际公平	高校教师认为所在学校、学院、系对自己的关怀程度	主范畴 3：人际公平感知
所在系关怀			
世界观、人生观被认可	价值人际公平	高校教师认为自己的价值观、世界观、人生观被认可的程度	
价值观被认可			
工资结构信息清晰	工资信息公平	高校教师认为与工资相关信息的透明化程度	主范畴 4：信息公平感知
领导津贴披露			
财务查询系统运行			
职称评审条件公开	职称信息公平	高校教师认为与职称评审相关信息的透明化程度	
评委名单公开			
全面考核			
特殊情况特殊说明			
民主选举制度	职务信息公平	高校教师认为与职务评审相关信息的透明化程度	
干部聘任透明化			
举报与监督			
业绩考评民主化			
暑期培训公开	培训信息公平	高校教师认为与进修选拔相关信息的透明化程度	
符合出国条件			
自由竞争			
学习效果评估			
出国选拔公示			
财务制度要求清晰可查	财务信息公平	高校教师认为财务相关信息的透明化程度	
有关经费使用情况可问询			
组织制度公正	组织公正	高校教师所在的组织在运营、管理、变革上具有公正性	主范畴 5：组织支持
组织结构灵活性			

续表

原生代码	对应范畴	范畴内涵	主范畴
学校领导英明	领导支持	高校教师认为各级领导对自己关心、关怀的程度	主范畴5：组织支持
系（所）领导信任			
生活困难补助			
奖励评比公开性	组织奖励	高校教师认为各类奖励具有公正性和有效性	
奖励评比有效性			
政府机构奖励透明性			
教学设备充裕	工作条件	高校教师对所享用的工作条件的满意度	
产学研交易平台			
为学院发展做出贡献	他人认同	高校教师对同事的贡献、目标、志向、价值理念持认同态度	主范畴6：组织认同
价值观一致			
同事科研能力认同			
具有共同的志向			
领导风险认同	系（所）认同	高校教师对所在系（所）的发展目标、领导风格、文化环境持认同态度	
发展目标合理			
系文化氛围端正			
环境依恋感			
远期目标认同	学院认同	高校教师对所在学院的领导素养、远期目标、人文环境持认同态度	
积极谏言			
人文环境认同			
战略目标认同	学校认同	高校教师对所在学校的发展模式、领导风范、战略目标持认同态度	
发展模式认同			
参与建设			
教学方法尝试	教学方法创新	高校教师善于在教学方法上实施变革	主范畴7：教学创新能力
教学方法相互借鉴			

续表

原生代码	对应范畴	范畴内涵	主范畴
设备性能好	教学设备创新	高校教师善于利用教学设备来取得更好的教学效果	主范畴 7：教学创新能力
充分利用设备			
设备资金投入			
前沿性和领先性	教学教材创新	高校教师善于选择、改进、利用课程教材来提高教学效果	
教材选用合理			
教材内容合规性			
教材内容丰富			
教材升级			
政治审核			
启发式教学	教学理念创新	高校教师在教学上能够不断打破自己的思维定势，使之升华	
互动模式改进			
理念交流			
构建新的思维模式			
教学反思			
国际化教学目标	教学国际创新	高校教师教学宗旨能够与国际认可方向一致	
国际化教学定位			
适应新方法	科研方法创新	高校教师在科研方法上不断自我突破	主范畴 8：科研创新能力
实验设计改进			
选择新的设备	科研设备创新	高校教师能够充分发挥科研设备的功能	
设备应用充分			
保持学科前沿性	科研探索创新	高校教师具有追踪学术前沿的敏感性	
学术热点追踪			
国际化交流	科研视野创新	高校教师具有国际化的科研视野	
国际标准			
学术自尊	科研理念创新	高校教师能够不断更新升级自己的科研理念	
学术诚信维护			

续表

原生代码	对应范畴	范畴内涵	主范畴
专利功能介绍	社会推广创新	高校教师不断丰富在社会上推介自己的方法	主范畴9：社会服务创新能力
合作经验介绍			
信誉识别	社会对象创新	高校教师善于选择合适的社会合作对象	
企业需求分析			
互惠精神	社会需求创新	高校教师具有较高的社会需求解决能力	
从企业发展考虑			
企业需求满足			
合作技术突破			
寻找最佳突破路径			
关注需求的动态变化			
理论与实践相结合	社会理念创新	高校教师能够不断升级自己的社会服务思维模式	
服务社会意识			
精诚合作			
价值理念更新			

在主轴式编码中，类属概念之间的关联主要以模型的方式呈现出来，该模型包括因果条件、脉络、行动策略、现象、中介条件、结果等基本要素。扎根理论是一种强调行动取向或互动取向的理论建构方法，因此，在主轴式编码阶段，要尽可能地反映出行动主体的因果条件、脉络、行动策略、现象、中介条件、结果等。在扎根理论中，因果条件是指导致某一现象产生的原因，通常包含多个因素。脉络是指一组特定事件在属性上的综合反映，是主体行动或主体互动策略之所以发生的一组特定的背景条件的组合。行动策略说明与现象相关的个人或团体如何回应现象的发生。现象并不是指所有事件，而是指一组行动或互动中的核心事件。中介条件是指特定时空、文化、经济、社会地位下的客观环

境条件。结果是对个人、地点、事情的发展均产生影响的事件[101]。

通过主轴式编码，析取出 9 个主范畴，各个主范畴的典范模型分别如表 4-4 至表 4-12 所示。

表 4-4　主范畴"分配公平感知"的典范模型

因果条件	生存需求、物质保障、直觉、对物质的追求、自我肯定	现象	感受公平待遇、心理预期实现、对收入满意
脉络	基本工资满意、投入产出合理化、横向比较和纵向比较	中介条件	社会生存需求、子女教育、生产力水平、科研设备配置合理性、直觉判断
行动策略	工作投入与收入比较、情绪发泄、愉悦感、与他人比较、与其他高校和专业的高校教师比较薪酬	结果	对所在的岗位满意、加大教学投入、规范自己的行为

表 4-5　主范畴"程序公平感知"的典范模型

因果条件	教育改革、肯定对方的善意、做事符合情理、程序透明化	现象	尊重制度、自我心理压力疏解、注重评审过程、参与规章制度的制定
脉络	信息披露、制度制定和执行标准化、不假公济私、尊重规则	中介条件	社会进步、民主需求上升、法律案例引领、个人权益
行动策略	向领导提出诉求、追根究底、提供评审标准	结果	产生情感承诺、制度敬畏感、持宽容态度、抑郁消除

表 4-6 主范畴“人际公平感知”的典范模型

因果条件	尊重的需求、社会发展、人本主义思想、平等理念	现象	感受组织关怀、任劳任怨工作、领导-下属关系和谐、组织氛围融洽
脉络	人际交往需求、相互尊重、心理疏导、和谐校园需求	中介条件	公平形式多样化、公平感上升、人际关系和谐
行动策略	人本主义认知、与组织产生隔阂、平等呼吁	结果	产生持续承诺、和谐同事关系、积极谏言、愤懑消散

表 4-7 主范畴“信息公平感知”的典范模型

因果条件	信息膨胀、知情权、内部控制需求、提高透明性	现象	审计有效性、民主意识、公示制度、不存在关键信息隐瞒、信息识别和监督
脉络	晋升信息公开、聘期、科研考核透明化、定期信息发布	中介条件	公平思想引入、相互信任、知情权保障
行动策略	要求财务支出透明化、信息发布及时、评审依据公开、关键信息核实	结果	规范承诺产生、参与组织建设、身心融入学校发展

表 4-8 主范畴“组织支持”的典范模型

因果条件	自我尊重的需求、自我价值实现、主人翁精神、心理契约优化、科技才能发挥	现象	员工-组织关系优化、组织信任、组织形象树立
脉络	关心高校教师工作与生活、肯定工作业绩、组织温暖	中介条件	优良文化传统、互惠互利思想、社会交换原则

续表

行动策略	自我成果展示、个人努力、追求卓越、领导关系和谐	结果	兢兢业业奉献、心理隔阂消除、情感承诺优化、组织奖励、工作环境改善

表 4-9　主范畴“组织认同”的典范模型

因果条件	职业生涯规划优化、对组织发展的期待、个人长远发展	现象	支持学校及学院发展、组织战略目标认同、产生组织共鸣
脉络	顾全大局、自我适应组织环境、组织价值理念认同	中介条件	组织行为优化、组织结构变革、组织战略修正
行动策略	维护组织声誉、为学院发展积极谏言、个人发展与学院发展保持一致、领导方式认同	结果	克服自利心理、为组织发展谏言、调整自己的目标

表 4-10　主范畴“教学创新能力”的典范模型

因果条件	高等教育改革、教书育人、本科教学、国际化战略引导、知识普及、中国式教育现代化	现象	教学竞赛获奖、学生评教业绩突出、教学体验升华
脉络	教学方式优化、善于利用多媒体、汲取他人经验	中介条件	学校及学院重视教学、科研设备购置、开展教学竞赛
行动策略	教学模仿、教学修炼、选择合适的教材、有教无类	结果	学院教学排名上升、学生受益、教学设备充分利用、教学思维革新、教学名师效应

表 4-11　主范畴“科研创新能力”的典范模型

因果条件	科技发展、高校排名、提高个人综合能力、科技体制改革	现象	科研业绩突出、科研标兵、优秀领悟力、科研潜力开发、科技成果展示
脉络	发表高水平文章、重视国际学术交流、重点课题申报	中介条件	国家科技战略指引、科技环境净化、科技制度规范
行动策略	积极参与学术交流、追踪国际学术前沿、开阔视野、研究方法改进、锲而不舍精神	结果	高校科技排名上升、科研能力飞跃、科研兴趣浓厚

表 4-12　主范畴“社会服务创新能力”的典范模型

因果条件	社会需求、产学研、高校教师科研潜力挖掘、促进社会发展	现象	行业知名度及企业认同度提高、猎头公司追踪、学习与实践密切结合
脉络	寻找合适的合作对象、个人价值被社会承认、促进企业发展、科技改革成功	中介条件	教育改革、高校科技制度激励、社会与高校相互提供服务信息
行动策略	积极参与、自我能力识别、保持长久合作关系	结果	科技能力发挥、思维模式优化、企业成本节约

4.3.3　选择式编码

选择式编码是指在业已构建的类属概念中择取一个核心类属概念，继而深度分析这个核心类属概念的内涵，将与之存在相关关系的次要类属概念归集起来，系统地阐释核心类属概念和次要类属概念之间的关系，并补充在后期研究中可能需要的类属概念。核心的类属概念一定要具有统领性的特征，能够尽量将所有的研究结果囊括于一个较为宽泛的理论框架之中，最终产生“提纲挈领”的效果[102]。

核心类属概念具有六个方面的特征：第一，需要在所有的类属概念中占中心位置或统领性的位置，最大程度地与其他类属概念之间存在内在的意义关联；第二，在编码过程中反复出现，或者出现的频率较高，且较为稳定；第三，与其他类属概念之间存在自然而然的关联，这种关联既不生硬，也非强制，而是顺理成章的；第四，核心类属概念最终可以发展成为一个具有高度概括性的理论，并且可涵盖该领域的实质性理论；第五，核心类属概念可以继续推动理论建构的发展；第六，在属性、维度、因果、策略等方面可以螺旋式地对核心类属概念进行反复编码，使核心类属概念拥有异常复杂的次要类属概念[103]。如果核心类属概念具备这六个方面的特征，可以在此基础上，将分散的类属概念整合形成系统性的理论框架，并力求使其具有较高的理论饱和度。

选择式编码包含五个承上启下的步骤：第一，力图明确资料的故事线；第二，尽力梳理和发现与核心类属概念相关的次要类属概念；第三，精准阐释相关类属概念的属性和维度；第四，利用所收集的资料，初步检验已经构建的假设；第五，构建核心类属概念和其他类属概念之间的联系。

特别指出，核心类属概念并非一成不变的，如果在初始阶段发现多个核心类属概念，就可以不断采用比较的思想和方法，逐步淘汰关联度较弱、不具有广泛性的核心类属概念，从而筛选出真正的核心类属概念。

在主轴式编码的基础上，反映高校教师公平感知与创新能力相关性的选择式编码如表 4-13 所示。

表 4-13 选择式编码

典型关系结构	关系结构内涵
分配公平感知→教学创新能力	当高校教师具有较高的分配公平感知时，就会在教学上投入更多的精力和时间，不断拓展和深化自己的教学创新能力
分配公平感知→科研创新能力	当高校教师具有较高的分配公平感知时，就会在科研上投入更多的精力和时间，不断拓展和深化自己的科研创新能力

续表

典型关系结构	关系结构内涵
分配公平感知→社会服务创新能力	当高校教师具有较高的分配公平感知时，就会在社会服务上投入更多的精力和时间，不断拓展和深化自己的社会服务创新能力
程序公平感知→教学创新能力	当高校教师具有较高的程序公平感知时，就会在教学上投入更多的精力和时间，不断拓展和深化自己的教学创新能力
程序公平感知→科研创新能力	当高校教师具有较高的程序公平感知时，就会在科研上投入更多的精力和时间，不断拓展和深化自己的科研创新能力
程序公平感知→社会服务创新能力	当高校教师具有较高的程序公平感知时，就会在社会服务上投入更多的精力和时间，不断拓展和深化自己的社会服务创新能力
人际公平感知→教学创新能力	当高校教师具有较高的人际公平感知时，就会在教学上投入更多的精力和时间，不断拓展和深化自己的教学创新能力
人际公平感知→科研创新能力	当高校教师具有较高的人际公平感知时，就会在科研上投入更多的精力和时间，不断拓展和深化自己的科研创新能力
人际公平感知→社会服务创新能力	当高校教师具有较高的人际公平感知时，就会在社会服务上投入更多的精力和时间，不断拓展和深化自己的社会服务创新能力
信息公平感知→教学创新能力	当高校教师具有较高的信息公平感知时，就会在教学上投入更多的精力和时间，不断拓展和深化自己的教学创新能力
信息公平感知→科研创新能力	当高校教师具有较高的信息公平感知时，就会在科研上投入更多的精力和时间，不断拓展和深化自己的科研创新能力
信息公平感知→社会服务创新能力	当高校教师具有较高的信息公平感知时，就会在社会服务上投入更多的精力和时间，不断拓展和深化自己的社会服务创新能力

在主轴式编码的基础上，反映高校教师公平感知与组织行为相关性的选择式编码如表 4-14 所示。

表 4-14　选择式编码

典型关系结构	关系结构内涵
分配公平感知→组织支持	当高校教师具有较高的分配公平感知时，就会认为所在的学校、学院、系（所）重视自己的价值，并关心自己的利益
分配公平感知→组织认同	当高校教师具有较高的分配公平感知时，就会在情感上对所在的学校、学院、系（所）持有高度认同的态度
程序公平感知→组织支持	当高校教师具有较高的程序公平感知时，就会认为所在的学校、学院、系（所）重视自己的价值，并关心自己的利益
程序公平感知→组织认同	当高校教师具有较高的程序公平感知时，就会在情感上对所在的学校、学院、系（所）持有高度认同的态度
人际公平感知→组织支持	当高校教师具有较高的人际公平感知时，就会认为所在的学校、学院、系（所）重视自己的价值，并关心自己的利益
人际公平感知→组织认同	当高校教师具有较高的人际公平感知时，就会在情感上对所在的学校、学院、系（所）持有高度认同的态度
信息公平感知→组织支持	当高校教师具有较高的信息公平感知时，就会认为所在的学校、学院、系（所）重视自己的价值，并关心自己的利益
信息公平感知→组织认同	当高校教师具有较高的信息公平感知时，就会在情感上对所在的学校、学院、系（所）持有高度认同的态度

在主轴式编码的基础上，反映高校教师组织行为与创新能力相关性的选择式编码如表 4-15 所示。

表 4-15　选择式编码

典型关系结构	关系结构内涵
组织支持→教学创新能力	如果高校教师认为所在的学校、学院、系（所）重视自己的价值，并关心自己的利益，就会在教学上投入更多的精力和时间，不断拓展和深化自己的教学创新能力
组织支持→科研创新能力	如果高校教师认为所在的学校、学院、系（所）重视自己的价值，并关心自己的利益，就会在科研上投入更多的精力和时间，不断拓展和深化自己的科研创新能力
组织支持→社会服务创新能力	如果高校教师认为所在的学校、学院、系（所）重视自己的价值，并关心自己的利益，就会在社会服务上投入更多的精力和时间，不断拓展和深化自己的社会服务创新能力
组织认同→教学创新能力	如果高校教师在情感上对所在的学校、学院、系（所）持有高度认同的态度，就会在教学上投入更多的精力和时间，不断拓展和深化自己的教学创新能力
组织认同→科研创新能力	如果高校教师在情感上对所在的学校、学院、系（所）持有高度认同的态度，就会在科研上投入更多的精力和时间，不断拓展和深化自己的科研创新能力
组织认同→社会服务创新能力	如果高校教师在情感上对所在的学校、学院、系（所）持有高度认同的态度，就会在社会服务上投入更多的精力和时间，不断拓展和深化自己的社会服务创新能力

4.3.4　理论模型的构建

基于开放式编码、主轴式编码、选择式编码，构建我国高校教师公平感知对创新能力驱动效应的理论模型，如图 4-1 所示。

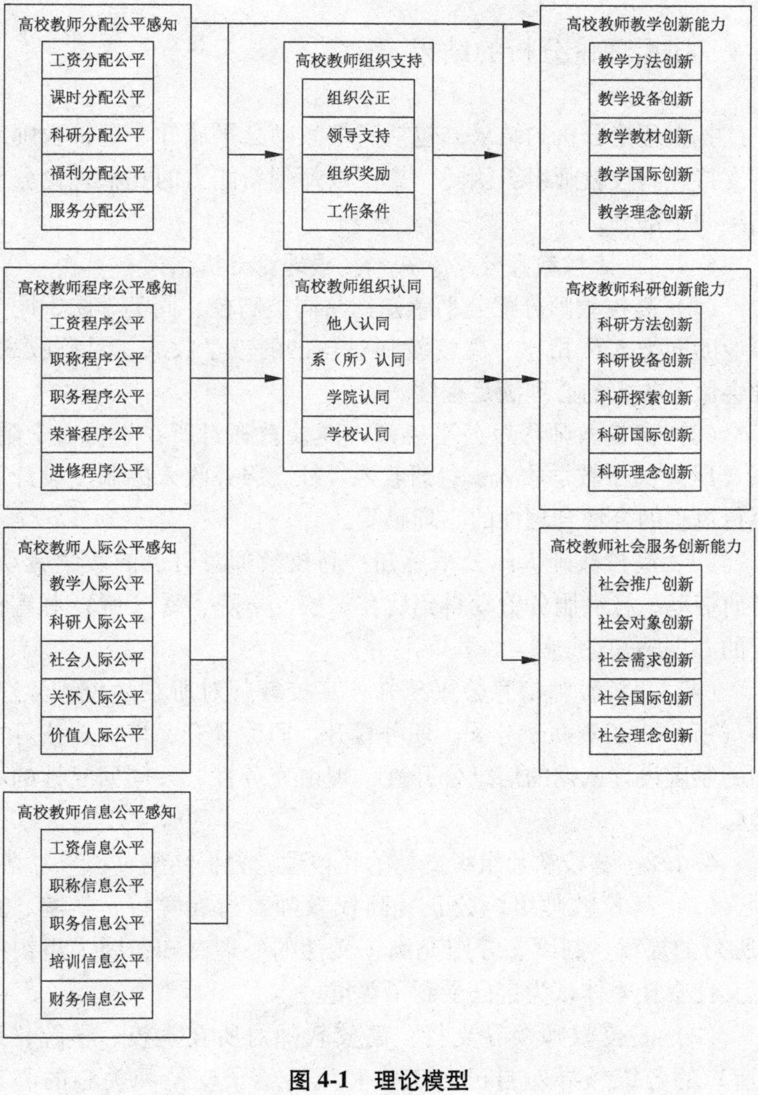
高校教师分配公平感知
工资分配公平
课时分配公平
科研分配公平
福利分配公平
服务分配公平
高校教师程序公平感知
工资程序公平
职称程序公平
职务程序公平
荣誉程序公平
进修程序公平
高校教师人际公平感知
教学人际公平
科研人际公平
社会人际公平
关怀人际公平
价值人际公平
高校教师信息公平感知
工资信息公平
职称信息公平
职务信息公平
培训信息公平
财务信息公平
高校教师组织支持
组织公正
领导支持
组织奖励
工作条件
高校教师组织认同
他人认同
系（所）认同
学院认同
学校认同
高校教师教学创新能力
教学方法创新
教学设备创新
教学教材创新
教学国际创新
教学理念创新
高校教师科研创新能力
科研方法创新
科研设备创新
科研探索创新
科研国际创新
科研理念创新
高校教师社会服务创新能力
社会推广创新
社会对象创新
社会需求创新
社会国际创新
社会理念创新

图 4-1　理论模型

4.4 扎根理论分析的结果

扎根理论分析的结果，包括高校教师公平感知、高校教师组织支持、高校教师组织认同、高校教师创新能力的扎根理论分析结果四个部分。

4.4.1 高校教师公平感知的扎根理论分析结果

（1）高校教师分配公平感知：与同类高校、同类学院、同类专业的同类人员相比，高校教师对自己的教学收入、科研收入、社会服务收入的心理满足程度。

（2）高校教师程序公平感知：高校教师对所在学校、学院、系（所）关于教学收入、科研收入、社会服务收入的制度设计和执行过程的合情合理性的心理感受。

（3）高校教师人际公平感知：高校教师对自己的教学劳动、科研劳动、社会服务劳动得到所在学校、学院、系（所）尊重程度的心理感知。

（4）高校教师信息公平感知：高校教师对所在学校、学院、系（所）在工资薪酬分配、职务晋升、职称晋升、培训选拔等方面的制度设计依据的信息公开性、理由充分性、疑问回复性的心理感知。

4.4.2 高校教师组织支持的扎根理论分析结果

（1）高校教师组织公正：高校教师对所在学校、学院、系（所）的规章、制度、守则充满正义性的心理感知，因为组织的正义性会让个体认为自己受到了尊重。

（2）高校教师领导支持：高校教师对所在学校、学院、系（所）的各级领导对自己的工作和生活给予支持和关心的心理感知。

（3）高校教师组织奖励：高校教师对所在学校、学院、系（所）的各种评优、奖励、资助实施的公正性的心理感知。

（4）高校教师工作条件：高校教师对所在学校、学院、系

（所）的工作条件能够满足自己常规工作需求和特殊工作需求的心理感知。

4.4.3　高校教师组织认同的扎根理论分析结果

（1）高校教师他人认同：高校教师对同事在工作和生活中所体现出来的思想、行为、理念、目标持有一致或赞同态度。

（2）高校教师系（所）认同：高校教师对系（所）领导的品行、系（所）发展目标、人文环境、持有一致或赞同态度。

（3）高校教师学院认同：高校教师对所在学院的领导风格、远期愿景、组织氛围、情感承诺持有一致或赞同态度。

（4）高校教师学校认同：高校教师对所在学校的领导风范、战略目标、发展模式、价值理念、文化继承等持有一致或赞同态度。

4.4.4　高校教师创新能力的扎根理论分析结果

（1）高校教师教学创新能力：高校教师在教学方法、教学理念、设备利用、教材使用上不断升级、优化、自我突破的能力。

（2）高校教师科研创新能力：高校教师在学术理论研究理念、方法、设备利用、国际交流、前沿热点追踪上不断升级、优化、自我突破的能力。

（3）高校教师社会服务创新能力：高校教师应用专业技能满足社会需求的能力，体现于促进企业技术革新、提高产品质量、提升企业运营绩效、保护生态环境、优化人文环境等方面。

4.5　扎根理论分析的检验

4.5.1　信度检验

在扎根理论分析中，主范畴的信度检验可以通过计算编码人员的译码一致性来实现。在本书的研究中，课题组聘请了五位在公平感知方向研究成果较为丰富的研究人员作为编码人员，分别使用 V1、V2、V3、V4、V5 代表各个范畴中编码的概念，$V1\cap V2\cap V3\cap V4\cap V5$ 代表概念的交集，$V1\cup V2\cup V3\cup V4\cup V5$ 代表概念的并集，交集除以并集的结果就是一致性系数。

在扎根理论中，对于主范畴的信度检验而言，如果一致性系数大于0.8，则表示编码结果的信度较好，说明编码人员的编码结果基本一致，偏差可以接受。

在本书中，分配公平、程序公平、人际公平、信息公平、组织支持、组织认同、教学创新能力、科研创新能力、社会服务创新能力的一致性系数分别为0.81、0.83、0.88、0.92、0.86、0.81、0.85、0.90、0.87，因此，编码结果的信度较好。

4.5.2 效度检验

在扎根理论分析中，对主范畴的编码结果不仅要进行信度检验，还要进行效度检验。也就是说，主范畴的编码结果只有同时通过信度检验和效度检验，才能说明编码结果有效。扎根理论中的效度与实证研究中的效度存在差异。在实证研究中，效度是指量表能够实际测量出所要测量的心理特质的程度；而在扎根理论中，效度是指所出具的研究报告与实际研究相符合的程度。在扎根理论中，研究者主要关注研究对象所看到的“真实”，而不是实证研究的“客观现实”。

一般而言，可以使用内容效度率来测度编码结果的效度，内容效度率的计算公式如下：

$$CVR=\frac{n_e-N/2}{N/2} \tag{4-1}$$

式中，n_e表示认为概念与其所附范畴相一致或相符合的编码人员的数量，N表示此次检验中所聘用的所有编码人员的数量。如果一个概念与其所附范畴不一致或不相符时，CVR值就小于零。在极端的情况下，如果所聘用的所有编码人员都认为概念与其所附范畴不一致或不相符，那么，$CVR=-1$。反之，如果所聘用的所有编码人员都认为概念与其所附范畴高度相关，那么，$CVR=1$。在本书的研究中，$CVR=0.88$，这表明主范畴编码结果的内容效度良好。

4.5.3 理论饱和度检验

在扎根理论研究中，研究者最后需要检验模型的理论饱和度，可以使用理论饱和点来检验。如果理论没有达到饱和状态，研究者就需要从头开始，重新进行资料收集，再次进行开放式、主轴式、选择式编码，以及理论模型构建和检验，直至理论达到饱和状态[104]。

在本书的扎根理论分析中，只使用了 22 份资料进行扎根理论模型的构建，因而可以使用剩下的 5 份资料进行理论饱和度检验。笔者对这 5 份资料进行编码和分析，未能发现新的概念，也未能发展新的范畴，因而可以断定，本书扎根理论分析的各级范畴已经得到翔实的发展，理论模型已经达到预期中的饱和状态。

4.6　本章小结

高校教师公平感知对创新能力驱动效应的存在性已经在实证研究中得到验证，然而，高校教师公平感知对创新能力驱动的微观机理并不明朗，现有的研究远未形成完整的理论体系。公平感知对创新能力不仅存在直接的促进作用，而且基于一定的组织环境对创新能力也可以产生间接的促进作用。本章运用扎根理论的思想和方法，通过开放式编码、主轴式编码、选择式编码，析出了 9 个主范畴，分别是高校教师分配公平感知、程序公平感知、人际公平感知、信息公平感知、组织支持、组织认同、教学创新能力、科研创新能力、社会服务创新能力，在此基础上构建了高校教师公平感知对创新能力驱动效应的理论模型，从而为高校教师公平感知对创新能力驱动微观机理的研究奠定了理论基础。

第5章 高校教师公平感知对创新能力驱动的研究模型设计

在扎根理论分析所得到的理论模型的基础上，经过严密的理论论证，可以构建研究模型，包括基本研究模型和中介效应研究模型，作为本书的理论平台。从实验研究到扎根理论分析，再到研究模型设计，完成了本书理论框架的构建。

5.1 高校教师分配公平感知对创新能力的促进效应分析

分配公平不仅是最早的公平理论，也是一种最为基础的公平形式，直接涉及人对分配结果的认知和判断。当高校教师感受到工资、薪酬、奖励、福利与自己的预期目标大致一致时，就会心无旁骛地投入教学、科研、社会服务之中，不会再为分配的不公平而牵肠挂肚[105]。当然，这种公平感知来自与同类高校、学院、专业的教师的比较，而不是漫无边际地选择参照标准。当高校教师感受到分配不公平时，就会产生不满、愤懑、压抑情绪，对教学、科研、社会服务工作处于应付敷衍的状态，这非常不利于各类工作的开展，很难产生突破和创新[106]。在分配公平的基础上，虽然又衍生出多种公平形式，但分配公平的基础地位不可替代，它是高校教师创新驱动的持久性动力源，尤其对渐进型创新的驱动效应更为显著。

高校教师分配公平感知对创新能力的驱动效应在相关研究中已经被认可。李军、刘曼、李汉（2013）研究表明，高校教师的分配公平感知越高，高校教师在教学探索上的投入就越大，教学能力就会不断提升[107]。潘静洲、唐子阳、张光磊等（2021）基于领导-下属交换关系差异化的基础，证明了分配公平对团队成员的创新能力具有促进效应，强调分配公平氛围在创新驱动中的重要作用[108]。Francis P，Broughan C，Foster C 等（2020）指出，无论在何种环境下，也无论高校改革的走向如何，分配公平一直都是高校教师公平激励中最基础性的公平偏好，是高校教师创新能力成长的恒久性动力源[109]。

根据以上分析，可以提出如下研究假设：

H1-1：高校教师分配公平感知对教学创新能力存在正向驱动作用。

H1-2：高校教师分配公平感知对科研创新能力存在正向驱动作用。

H1-3：高校教师分配公平感知对社会服务创新能力存在正向驱动作用。

5.2　高校教师程序公平感知对创新能力的促进效应分析

随着社会运营机制的成熟和高等教育改革的深入，高校教师的程序公平感知日渐强烈。当高校教师理解、知晓、洞悉所在学校、学院、系（所）的分配制度设计和实施的前因后果时，其心中的郁结就会一扫而空，豁然开朗，不再拘泥于无关紧要的细枝末节，而在教学、科研、社会服务上倾注自己的激情，并制订合理的职业生涯规划，从而为创新驱动提供恒久的动力[110]。程序公平并不是对分配公平的取代，也不是对分配公平的超越，而是对分配公平的深化。如果高校教师的程序公平感知缺失，他们就很难真正融入群体之中，并可能与学校、学院、系（所）等组织产生隔阂，使自身创新能力下降。当前，我国许多高校已经意识到程序公平的重要性，并逐步在各种战略规划和制度设计中重视程序公平。

现有的研究也为高校教师程序公平感知对创新能力驱动效应

的存在性提供了佐证。王萍、孙聘依、章云快基于对271份样本数据的检验证明，员工的程序公平感知通过信任的培育与人际距离的拉近可以促进团队创新能力和员工创新能力的成长[111]。McCandless S，Ronquilo J C指出，程序公平在个体创新驱动中具有重要的作用，是社会公平的一个关键要素，是职业伦理的核心变量[112]。

根据以上分析，可以提出如下研究假设：

H2-1：高校教师程序公平感知对教学创新能力存在正向驱动作用。

H2-2：高校教师程序公平感知对科研创新能力存在正向驱动作用。

H2-3：高校教师程序公平感知对社会服务创新能力存在正向驱动作用。

5.3 高校教师人际公平感知对创新能力的促进效应分析

在我国高校内部，随着人本主义思潮的复归，高校教师的人际公平感知需求开始兴起。在人际公平感知下，高校教师希望自己的劳动付出得到各级领导的认可和赏识，他们虽然并不追求具体的奖赏，但希望自己的价值得到组织的承认。当高校教师具有一定的人际公平感知时，就会心胸开阔、忠诚坦荡，从而将教学、科研、社会服务创新能力提升到一个更高的水平，使创新驱动迸发出更大的活力，尤其是较高的人际公平感知可为实现突变型创新创造有利的条件。如果高校教师的人际公平感知缺失，他们在遇到困难时就会感到孤立无援，游离于组织之外，压抑的情感无处宣泄，这会严重阻碍创新驱动效应的发挥。高校教师对人际公平感知的追求在一定程度上是对官僚主义的抗拒，这与我国高等教育改革的基本方针相一致。我国高校在长期的管理改革中，已经体现了人际公平的思想，且这种思想日益受到重视。

高校教师人际公平感知对创新能力的促进效应在相关研究中

已经得到了验证。吴画斌、王侦（2020）基于协同理论的视角探讨了高校教师创新能力的培养机制，发现高校教师的人际公平感知是创新能力成长的一个重要驱动因素[113]。Montani F，Torres C，Ferreira M C 等也证实了人际公平感知对创新能力驱动效应的存在性，阐释了个体的人际公平感知对创新能力驱动的内在作用机理，进而提出人际公平感知培育的具体路径[114]。

根据以上分析，可以提出如下研究假设：

H3-1：高校教师人际公平感知对教学创新能力存在正向驱动作用。

H3-2：高校教师人际公平感知对科研创新能力存在正向驱动作用。

H3-3：高校教师人际公平感知对社会服务创新能力存在正向驱动作用。

5.4　高校教师信息公平感知对创新能力的促进效应分析

随着信息化时代的成熟，信息爆炸同样波及高校，促成了高校教师信息公平感知需求的上升。与程序公平、人际公平一样，信息公平也以分配公平为基础，对教学、科研、社会服务创新能力能够产生强大的驱动力。如果高校教师感受到充分的信息公平，就会身心与高校、学院、系（所）融为一体，为创新的深度实施创造出极为有利的心理条件。反之，如果信息公平感知缺失，高校教师就会产生做客思想，随时会离开所在的组织，或者中断自己的创新进程。在高校管理中，充溢着科研、教学、进修、财务、晋升等各类信息，这些信息对教师的信息公平感知均有不同程度的影响，但高校教师对这些信息的关注程度不同，因此，高校在制度的优化和监督实施中需要对这些信息予以合理的识别，有的放矢，逐步增强信息公平感知的激励作用。

高校教师信息公平感知对创新能力的驱动效应也被相关的研究所关注。潘曦（2015）在研究组织氛围对高校教师创新能力的影响时发现，高校教师的信息公平感知越高，创造性就越强，更易设计出新奇的、有价值的教学活动来激发学生的学习兴趣，引导学生的创造性思维[115]。Lavrijsen J，Nicaise I 研究了信息公平在教育改革中的作用，认为信息公平不仅可以驱动高校革新，也可以增强高校教师的综合竞争力[116]。

根据以上分析，可以提出如下研究假设：

H4-1：高校教师信息公平感知对教学创新能力存在正向驱动作用。

H4-2：高校教师信息公平感知对科研创新能力存在正向驱动作用。

H4-3：高校教师信息公平感知对社会服务创新能力存在正向驱动作用。

5.5　高校教师公平感知对组织支持的促进效应分析

高校教师公平感知对组织支持存在现实性的促进效应。公平感知是在公平维度上个体关于组织如何对待自己的感知，组织支持是在价值实现和利益获取维度上个体关于组织如何对待自己的感知，两者感知的内容不同，但具有正相关关系。在现代教育管理环境下，公平感知是组织支持的必要条件，因为如果缺失了公平感知，组织支持就难以成立。在一定程度上，组织支持蕴含了公平感知，但不限于公平感知，并极大丰富了公平感知。当高校教师存在分配公平感知时，就会认为所在高校具有组织支持的基本条件，对组织不会存在隔阂与排斥心理。当高校教师存在程序公平感知时，就会对所在高校产生亲和感，主人翁意识油然而生。当高校教师存在人际公平感知时，就会认为在学校受到了应有的尊重，真正感受到组织的人本主义情怀。当高校教师存在信息公平感知时，就会在情感上与所在的高校融为一体，对组织充满无限的憧憬和期待，以及高度的信任。可见，随着分配公平感知、程序公平感知、人际公平感知、信息公平感知的相继激活，高校教师的组织支持程度在逐步提高。

公平感知对组织支持的促进效应在其他领域的研究中已经被证实，当然，对于高校教师群体而言，这种促进效应的发生需要基于一定的制度环境。严姝婷、樊传浩（2020）基于对 378 名科技人员的样本数据检验发现，分配公平感知可以营造支持性组织氛围，提高员工的组织支持感，进而增强员工的创新能力[117]。Williams T G，Guikema S D，Brown D G 等（2020）在农业系统中也发现了个体的公平感知对组织支持的促进效应，尤其是人际公平感知和信息公平感知对组织支持的促进效应更为显著[118]。

根据以上分析，可以提出如下研究假设：

H5-1：高校教师分配公平感知可以驱动组织支持的成长。

H5-2：高校教师程序公平感知可以驱动组织支持的成长。

H5-3：高校教师人际公平感知可以驱动组织支持的成长。

H5-4：高校教师信息公平感知可以驱动组织支持的成长。

5.6　高校教师公平感知对组织认同的促进效应分析

高校教师公平感知对组织认同存在现实性的促进效应。高校教师是一个特殊的群体，公平偏好异常显著。当高校教师受到公平待遇时，组织认同就会如影随形般地产生。公平感知是组织认同的基本前提，对于高校教师而言，如果公平感知缺失，组织认同就不复存在，公平感知和组织认同之间存在正相关关系。当高校教师具有分配公平感知时，就会认为所在的学校存在基本的公正性，不会从心理或潜意识产生抵触。当高校教师具有程序公平感知时，就会对所在的学校产生心理依附，并对所在高校的管理伦理持赞同态度。当高校教师具有人际公平感知时，对所在学校的心理依附感就会提升，逐渐进入组织承诺的酝酿阶段，开始主动支持学校的各种战略决策，并在各种场合不自觉地维护学校的声誉。当高校教师具有信息公平感知时，就会对所在学校的目标和价值观持认同态度，并会主动参与到学校的发展、变革之中，身心与所在的学校融为一体。可见，随着分配公平感知、程序公平感知、人际公平感知、信息公平感知的依次加强，高校教师的组织认同也在逐步增强。

公平感知在相关领域对组织认同的促进效应研究已经被证实，同样，在合适的环境下，这种效应也会发生在高校之中。张峰、耿晓伟（2018）以353名乡村教师为样本检验发现，组织公平可以降低教师的离职倾向，进而增强组织认同[119]。王艇、郑全全、王国猛（2018）分析了互动公平对组织认同的微观驱动机理，并通过对493份样本数据的实证检验证明，互动公平下的人际公平和信息公平均显著促进了员工组织认同的成长[120]。徐光、黄莹、谭玲玉以社会交换理论和社会认同理论为基础，通过对250名企业员工的样本检验，发现信息公平感知有助于促进员工组织认同的成长[121]。Munawir M，Raharjo K，Djalil M A 等（2019）在高校治理研究中也发现了高校教师分配公平感知和程序公平感知对组织认同的促进效应[122]。

根据以上分析，可以提出如下研究假设：

H6-1：高校教师分配公平感知可以驱动组织认同的成长。

H6-2：高校教师程序公平感知可以驱动组织认同的成长。

H6-3：高校教师人际公平感知可以驱动组织认同的成长。

H6-4：高校教师信息公平感知可以驱动组织认同的成长。

5.7 高校教师组织支持对组织认同的促进效应分析

高校教师组织支持对组织认同存在天然的促进效应。组织支持和组织认同是组织行为理论中两个不同的概念，但两者存在千丝万缕的内在联系。组织支持存在拟人化思想，即将组织的代理人视同组织；也蕴含互惠性理念，即个人在感受到组织惠泽的前提下，会对组织予以倾情回报。高校教师组织支持是高校教师对所在学校、学院、系（所）如何对待自己的贡献和利益的综合认知，而组织认同是高校教师对所在高校的综合认知，可见，组织支持和组织认同在情感认知维度上存在着异向性，但在情感衍生维度上存在着联动性。高校教师不仅具有基本的职业素养，更具有知恩图报的社会心理，当他们感受到组织的包容、关爱、关怀后，必然随之产生回馈意识。可见，在心理效应上，高校教师组织支持顺理成章地激活了组织认同。

石永东、马晓辉、潘伟等（2020）认为，组织支持是前因变量，组织认同是结果变量，组织支持可以通过对员工行为变革的促进而驱动组织认同的成长，最终推动组织转型的实现[123]。Asghar M，Tayyab M，Gull N 等（2021）认为，组织支持体现了组织对员工关心和重视的程度，进而决定了员工在多大程度上愿意为组织的进步和发展而付出自己的努力，因此，组织支持和组织认同在目标和方向上具有一致性[124]。

根据以上分析，可以提出如下研究假设：

H7：高校教师组织支持的成长可以驱动组织认同的成长。

5.8 高校教师组织支持对创新能力的促进效应分析

高校教师组织支持为创新能力的开发创造了有利的心理条件，为创新能力的成长培植了沃土。当高校教师感受到来自组织的认可和认同时，不仅会产生回报心理，也会在行为上有所改变，在教学、科研、社会服务上严格要求自己，不断实现自我超越，在创新的基础上继续创新。相比于公平感知激励，组织支持对高校教师创新能力的激励显示出更为持久的韧性，不会轻易消失。在现实社会中，高校教师的心理需求体现于两个主要方面：一是劳动价值被组织所承认，二是获取必要的利益。当这两种心理需求被满足之后，高校教师就会将精力和时间投放于教学改进、科研探索、社会服务深化之中。可见，对于创新能力培育而言，组织支持存在着必要性。如果组织支持薄弱，那么就很难造就一流的创新能力。组织支持存在多种前因变量，任何一种前因变量对创新能力的驱动效应都是显而易见的。

组织支持对创新能力的促进效应在其他领域也有所显现，从而为其在高校管理领域的效应显现提供了理论支撑。黄勇、杨洁、胡赛赛（2020）根据对 458 份员工与主管配对样本的检验发现，个体的组织支持感可以有效促进个体创造力的成长，正向驱动个体的工作态度、任务绩效和角色外行为[125]。Raza B, St-Onge S, Ali M（2021）研究表明，员工的组织支持感可以通过对员工组织承诺优化的驱动来促进员工创造力的成长，其中，情感承诺的作用显著强于持续承诺和规范承诺的作用，因而他们倡导将组织支持感作为员工创造力成长的一个重要激励要素[126]。

根据以上分析，可以提出如下研究假设：

H8-1：高校教师组织支持对教学创新能力存在正向驱动作用。

H8-2：高校教师组织支持对科研创新能力存在正向驱动作用。

H8-3：高校教师组织支持对社会服务创新能力存在正向驱动作用。

5.9　高校教师组织认同对创新能力的促进效应分析

高校教师组织认同为创新能力的开发创造了良好的心理条件，相比于组织支持，这种心理条件更加完善和成熟。当高校教师的组织认同达到一定阈值之后，对创新能力的促进效应就开始显现。组织认同可以分为多个方向，包括学校认同、学院认同、系（所）认同、他人认同等；也可以分为多个层级，包括制度认同、战略目标认同、价值观认同等。在当前的高校管理环境下，无论哪一个方向的认同，也无论哪一个层级的认同，都会为高校教师教学创新能力的开发、科研创新能力的开发、社会服务创新能力的开发提供必要的心理契机。高校教师只有对所在的组织存在认同感，才会为组织的发展添砖加瓦、甘于奉献、殚精竭虑。在这种情形下，创新能力的成长就水到渠成。组织认同是一种稳定的心理定势，一般不会受到偶然事件的冲击，因而可以为高校教师创新能力的孕育构建“温室效应”[127]。广义的组织认同还包括对自我事业的认同，这无疑为高校教师创新能力的成长注入了“强心剂”。创新能力的驱动不是空穴来风，需要一定的心理平台支撑，而组织认同下的心理依附是构筑这种心理平台的核心。

组织认同对创新能力的促进效应在许多领域已经被关注和证实，从而间接证明，在一定的环境下，高校教师的组织认同也存在这种促进效应。简浩贤、徐云飞、曹曼等（2017）研究发现，组织认同度越高，领导功能就越有效、员工敬业度就越高，进而驱动员工创新能力的成长[128]。王丽娜、叶龙、杨征（2021）通过对 511 名技术员工样本数据的检验发现，组织认同对员工的能力发展和开拓精神均存在显著的促进作用，进而增强员工的创新能力[129]。

根据以上分析，可以提出如下研究假设：

H9-1：高校教师组织认同对教学创新能力存在正向驱动作用。

H9-2：高校教师组织认同对科研创新能力存在正向驱动作用。

H9-3：高校教师组织认同对社会服务创新能力存在正向驱动作用。

5.10　中介效应分析

根据研究假设 H1 系列、H2 系列、H3 系列、H4 系列可知，高校教师分配公平感知、程序公平感知、人际公平感知、信息公平感知对教学创新能力、科研创新能力、社会服务创新能力存在驱动效应；根据研究假设 H5 系列可知，高校教师四类公平感知对组织支持存在驱动效应；根据研究假设 H6 系列可知，高校教师四类公平感知对组织认同存在驱动效应；根据研究假设 H8 系列可知，高校教师组织支持对三类创新能力存在驱动效应；根据研究假设 H9 系列可知，高校教师组织认同对三类创新能力存在驱动效应。基于以上研究假设的综合，根据中介效应的基本原理，可以提出如下研究假设：

H10-1：在高校教师公平感知对创新能力的驱动中，组织支持存在中介效应。

H10-2：在高校教师公平感知对创新能力的驱动中，组织认同存在中介效应。

根据研究假设 H7 可知，高校教师组织支持对组织认同存在促进效应，因此，通过对所有研究假设的综合，可以提出如下研究假设：

H10-3：在高校教师公平感知对创新能力的驱动中，组织支持和组织认同存在双重链式中介效应。

5.11 研究模型的确立

本书拟采用结构方程模型（SEM）对研究假设进行综合检验。结构方程模型不仅可以同时处理显变量和潜变量，还可以同时分析多个自变量、多个因变量和多个中介变量。

由于组织支持和组织认同不仅单独存在中介效应，也存在双重链式中介效应，因此，为了更加深入地揭示高校教师公平感知对创新能力驱动的微观机理，进而更为全面而细致地提出公平感知对创新能力的驱动路径，需要分别设置中介效应研究模型进行检验。通过对研究假设的综合，可以形成基本研究模型、组织支持中介效应研究模型、组织认同中介效应研究模型、双重链式中介效应研究模型。

5.11.1 基本研究模型的确立

通过对研究假设 H1-1、H1-2、H1-3、H2-1、H2-2、H2-3、H3-1、H3-2、H3-3、H4-1、H4-2、H4-3 的综合，可以形成基本研究模型，如图 5-1 所示。

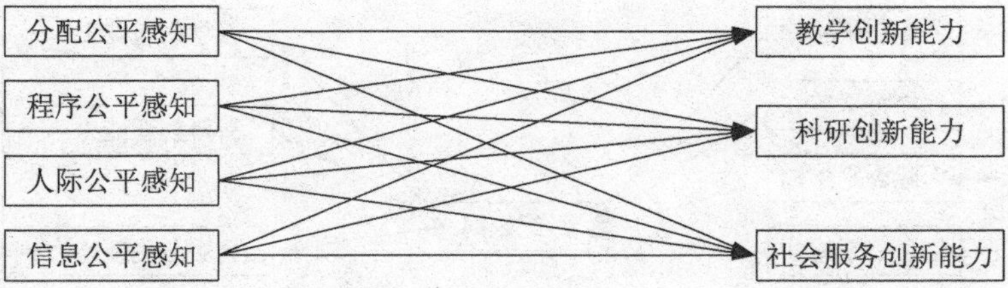

图 5-1　基本研究模型

5.11.2　组织支持中介效应研究模型的确立

在基本研究模型的基础上，结合研究假设 H5-1、H5-2、H5-3、H5-4、H8-1、H8-2、H8-3、H10-1 可知，在高校教师公平感知对创新能力的促进过程中，组织支持在四类公平感知和三类创新能力间具有中介效应，因而可以形成组织支持中介效应研究模型，如图 5-2 所示。

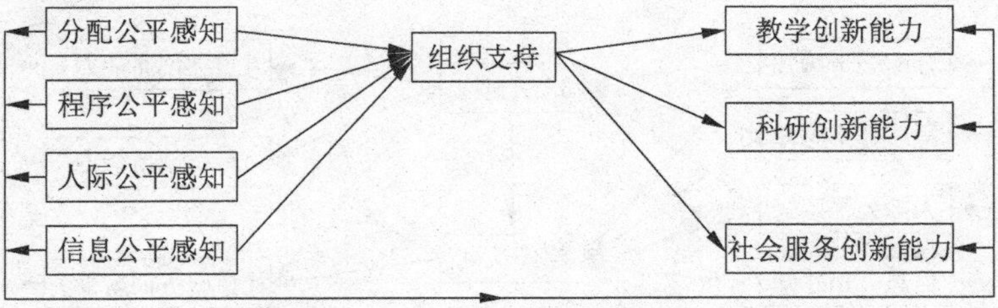

图 5-2　组织支持中介效应研究模型

5.11.3　组织认同中介效应研究模型的确立

在基本研究模型的基础上，结合研究假设 H6-1、H6-2、H6-3、H6-4、H9-1、H9-2、H9-3、H10-2 可知，在高校教师公平感知对创新能力的促进过程中，组织认同在四类公平感知和三类创新能力间具有中介效应，因而可以形成组织认同中介效应研究模型，如图 5-3 所示。

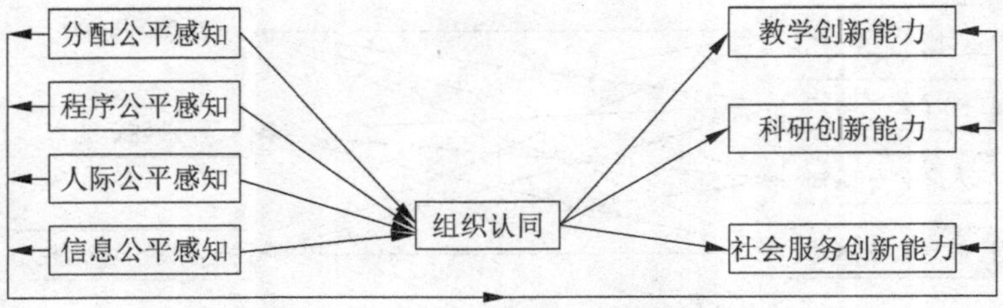

图 5-3　组织认同中介效应研究模型

5.11.4　双重链式中介效应研究模型的确立

在组织支持中介效应研究模型和组织认同中介效应研究模型的基础上，结合研究假设 H7 和 H10-3 可知，在高校教师公平感知对创新能力的促进过程中，组织支持和组织认同在四类公平感知和三类创新能力间具有双重链式中介效应，因而可以形成双重链式中介效应研究模型，如图 5-4 所示。

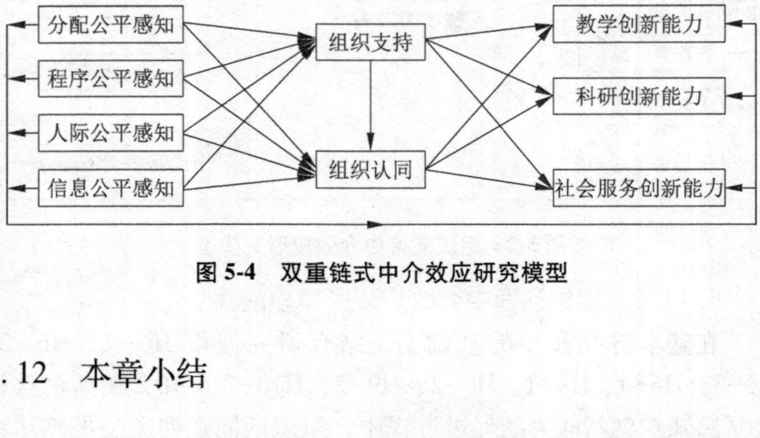

图 5-4　双重链式中介效应研究模型

5.12　本章小结

在实验研究和扎根理论分析的基础上，本书初步构建了高校教师公平感知对创新能力驱动效应的理论模型，但在理论论证和微观分析上还有待完善。扎根理论本身就要求尽量引入现有的理论对扎根理论分析所生成的原始理论模型进行补充和修正，有鉴于此，本章在扎根理论分析的基础上，不仅提出了研究假设，还运用现有的理论对研究假设进行了论证，构建了我国高校教师公平感知对创新能力驱动的系列模型，包括基本研究模型、组织支持中介效应研究模型、组织认同中介效应研究模型、双重链式中介效应研究模型，从而为研究的推进构建了理论平台。可见，扎根理论分析所生成的是原始理论模型，可以借助现有的研究成果衍化出适合现实研究需求的具体理论模型。

第6章　高校教师公平感知对创新能力驱动的研究设计

本章在研究模型设计的基础上进行研究设计，为研究模型检验奠定基础。研究设计包括要素设计、问卷设计、样本调查、样本特征分析、样本数据特征分析等部分。要素设计是问卷设计的基础，问卷设计是要素设计的语义转换。

6.1　研究要素设计

研究要素的设计来源于如下四个方面的综合：一是实验研究结果的启示，二是扎根理论分析中所得到的主范畴和对应范畴内涵的归纳，三是对前人研究的借鉴，四是笔者在工作和生活中的实践性认知。研究要素设计包括高校教师公平感知要素设计、组织支持要素设计、组织认同要素设计、创新能力要素设计四个部分。尤其要注意的是，相比于扎根理论分析所得到的主范畴而言，要素设计的内容更为丰富。

6.1.1　高校教师公平感知要素设计

高校教师公平感知要素设计包括四个部分：分配公平感知要素设计、程序公平感知要素设计、人际公平感知要素设计、信息公平感知要素设计。

（1）分配公平感知要素设计

分配公平感知的测度是相对收入的测度，不是绝对收入的测度，需要选择合适的参照标准。高校教师分配公平的参照应以国内同类高校、同类学院、同类专业的同类收入为标准，不能盲目设立参照标准。一般而言，高校教师的收入包括工资收入、课时薪酬收入、科研奖励收入、职工福利收入、社会服务收入等，分配公平感知也应体现在这些方面。综上，高校教师分配公平感知要素设计的具体内容如表 6-1 所示。

表 6-1　高校教师分配公平感知要素设计

代码	名称	内容
FP1	工资分配公平	与国内同类高校、学院和专业相比，高校教师认为自己的工资收入是公平的
FP2	课时分配公平	与国内同类高校、学院和专业相比，高校教师认为自己的课时薪酬收入是公平的
FP3	科研分配公平	与国内同类高校、学院和专业相比，高校教师认为自己的科研奖励收入是公平的
FP4	福利分配公平	与国内同类高校、学院和专业相比，高校教师认为自己的职工福利收入是公平的
FP5	服务分配公平	与国内同类高校、学院和专业相比，高校教师认为自己的社会服务收入是公平的

（2）程序公平感知要素设计

程序公平是一种制度设计和实施过程的公平，不仅体现于工资、绩效、奖励、福利制度方面，也体现于职称晋升、职务晋升、荣誉授予、国内外培训进修选拔制度等方面。通过对现有研究的综合，高校教师程序公平感知要素设计的具体内容如表 6-2 所示。

表 6-2　高校教师程序公平感知要素设计

代码	名称	内容
CX1	工资程序公平	高校教师认为所在学校的工资、绩效、奖励、福利制度的设计和实施过程是公平的
CX2	职称程序公平	高校教师认为所在学校的职称晋升制度的设计和实施过程是公平的
CX3	职务程序公平	高校教师认为所在学校的职务晋升制度的设计和实施过程是公平的
CX4	荣誉程序公平	高校教师认为所在学校的荣誉授予制度的设计和实施过程是公平的
CX5	进修程序公平	高校教师认为所在学校的国内外培训进修选拔的制度设计和实施过程是公平的

（3）人际公平感知要素设计

严格而言，人际公平感知是分配过程和结果中的人际公平感知，但对于高校教师这个职业而言，可以理解为高校教师在工作和生活中来自所在高校的人际公平感知。高校教师是一个特殊的群体，人际公平感知不仅包括自己的教学成果、科研成果、社会服务成果受到各级领导关注和尊重的程度，也包括自己的工作和生活困难被各级领导关心和关怀的程度，还包括各级领导对自己的价值观的疏导和启迪。在许多场合下，价值观的一致性和认同性已经成为影响高校教师人际公平感知的一个重要因素。

相比于扎根理论分析所得到的主范畴和对应范畴而言，高校教师人际公平感知要素除了教学人际公平、科研人际公平、社会人际公平等指标之外，还包括关怀人际公平和价值人际公平两个指标。综上，高校教师人际公平感知要素设计的具体内容如表 6-3 所示。

表 6-3　高校教师人际公平感知要素设计

代码	名称	内容
RJ1	教学人际公平	高校教师认为自己的教学成果受到学校、学院、系（所）领导的应有尊重
RJ2	科研人际公平	高校教师认为自己的科研成果受到学校、学院、系（所）领导的应有尊重
RJ3	社会人际公平	高校教师认为自己的社会服务成果受到学校、学院、系（所）领导的应有尊重
RJ4	关怀人际公平	高校教师认为自己所在的学校、学院、系（所）充满民主、关爱、平等的组织氛围
RJ5	价值人际公平	高校教师认为自己的价值观、人生观、世界观受到各级领导的引导、教诲和尊重

（4）信息公平感知要素设计

高校教师信息公平包含的内容较多、涉及的范围较广，一般而言，高校教师除了关心工资、绩效、奖励、福利分配制度的相关信息以外，还关心职称晋升、职务晋升、国内外培训进修选拔制度等方面的信息。随着高等教育改革的深化，财务支出信息公开也逐渐成为高校教师关注的重点方向。

相比于扎根理论分析所得到的主范畴和对应范畴而言，高校教师信息公平感知要素除了工资信息公平、职称信息公平、职务信息公平、培训信息公平等指标之外，还包括财务信息公平指标。综上，高校教师信息公平感知要素设计的具体内容如表 6-4 所示。

表 6-4　高校教师信息公平感知要素设计

代码	名称	内容
XX1	工资信息公平	高校教师认为所在学校的工资、绩效、奖励、福利分配制度的相关信息是公开透明的
XX2	职称信息公平	高校教师认为所在学校的职称晋升制度的设计和实施的相关信息是公开透明的
XX3	职务信息公平	高校教师认为所在学校的职务晋升制度的设计和实施的相关信息是公开透明的
XX4	培训信息公平	高校教师认为所在学校的国内外培训进修选拔制度的设计和实施的相关信息是公开透明的
XX5	财务信息公平	高校教师认为学校、学院、系（所）的财务支出信息是公开透明的

6. 1. 2　高校教师组织支持要素设计

高校教师组织支持要素设计包括四个部分：组织公正要素设计、领导支持要素设计、组织奖励要素设计、工作条件要素设计。

(1) 组织公正要素设计

“组织公正”是指高校教师认为自己所在学校在运营、管理、变革上公平公正，体现在教师选拔、制度设计、职务职称晋升、组织结构优化、招生就业等方面，且这种正能量可以促进高校教师的成长和发展。

相比于扎根理论分析所得到的主范畴和对应范畴而言，高校教师组织公正要素除了教师选拔公正、运营制度公正、组织结构公正等指标之外，还包括竞争制度公正和招生就业公正指标。基于以上分析，高校教师组织公正要素设计的具体内容如表 6-5

所示。

表 6-5　高校教师组织公正要素设计

代码	名称	内容
ZG1	教师选拔公正	高校教师认为所在学校在教师遴选、入职、考核方面不存在暗箱操作
ZG2	运营制度公正	高校教师认为所在学校和学院的教学和科研规章制度都符合高等教育发展的需求
ZG3	组织结构公正	高校教师认为所在学校的组织结构清晰合理，能够适应外部社会环境的变化
ZG4	竞争制度公正	高校教师认为所在学校的职称晋升制度和职务晋升制度在设计和实施中公平公正
ZG5	招生就业公正	高校教师认为所在的学校在学生招生、考试、论文审阅、答辩、就业安排等方面不存在舞弊行为

（2）领导支持要素设计

“领导支持”是指高校教师认为所在学校、学院、系（所）的领导能够胸怀坦荡、亲近下属、明辨是非，尊重自己在教学、科研、社会服务方面的劳动价值，并主动关心自己的利益。在当今时代，我国进一步加大了改革的力度，对各级领导干部的清正廉明提出了更高的要求，改进和完善了领导监督制度，充分发挥了社会公众在领导监督中的作用。事实上，这也是个体从组织处所获取的一种尊重。

相比于扎根理论分析所得到的主范畴和对应范畴而言，高校教师领导支持要素除了学校领导支持、学院领导支持、系（所）领导支持、日常生活支持等指标，还包括清正廉明支持指标。基于以上分析，高校教师领导支持要素设计的具体内容如表 6-6 所示。

表 6-6　高校教师领导支持要素设计

代码	名称	内容
LD1	学校领导支持	高校教师认为所在学校的领导能够合理关注自己的工作付出和贡献
LD2	学院领导支持	高校教师认为所在学院的领导能够明察自己的工作付出和价值奉献
LD3	系(所)领导支持	高校教师认为所在系（所）的领导能够真心鼓励和激发自己的工作热情
LD4	日常生活支持	高校教师认为领导层能够主动关心自己的利益，并尽力解决自己的各种日常生活困难
LD5	清正廉明支持	高校教师认为所在学校和学院的领导不存在官僚主义的习气和行为

（3）组织奖励要素设计

“组织奖励”是指高校教师认为所在学校、学院、系（所）的表彰和奖励制度具有公开公正公平性，可以为自己提供莫大的心理慰藉，并营造出积极、阳光、和谐的校园竞争环境。当前，高校教师的各种评奖不仅来自高校内部，还有相当一部分来自高校外部，即来自政府、社会机构、民间组织等方面的评奖，这些评奖对于高校教师的心理感知也存在较为显著的影响。

相比于扎根理论分析所得到的主范畴和对应范畴而言，高校教师组织奖励要素除了教学组织奖励、科研组织奖励、社会组织奖励、校内无偏奖励等指标之外，还包括校外无偏奖励指标。基于以上分析，高校教师组织奖励要素设计的具体内容如表 6-7 所示。

表 6-7　高校教师组织奖励要素设计

代码	名称	内容
ZZ1	教学组织奖励	高校教师认为自己的教学付出能够得到学校、学院、系（所）的合理表彰或奖励
ZZ2	科研组织奖励	高校教师认为自己的科研付出能够得到学校、学院、系（所）的合理表彰或奖励
ZZ3	社会组织奖励	高校教师认为自己的社会服务付出能够得到学校、学院、系（所）的合理表彰或奖励

续表

代码	名称	内容
ZZ4	校内无偏奖励	高校教师认为学校内部的各种奖励制度具有公开公正公平性
ZZ5	校外无偏奖励	高校教师认为各级政府、教育机构、社会组织对高校教师的奖励制度具有公开公正公平性

（4）工作条件要素设计

“工作条件”是指高校教师认为所在学校和学院能够提供满足自己基本的和特殊的工作需求的工作条件，且工作环境的改善一直被领导所重视。随着我国教育改革的深入和教育投资的增大，高校教师对工作条件的改善也存在期待，希望在现有的条件下，工作环境能够得到最大程度的改进和完善，充分发挥各种高校资源的功能。

在扎根理论分析的基础上，高校教师工作条件要素除了教学工作条件、科研工作条件、社会服务条件、工作困难救助等指标之外，还包括工作条件改善指标。基于以上分析，高校教师工作条件要素设计的具体内容如表 6-8 所示。

表 6-8　高校教师工作条件要素设计

代码	名称	内容
GZ1	教学工作条件	高校教师认为所在学校和学院的教学条件能够基本满足自己的教学需求
GZ2	科研工作条件	高校教师认为所在学校和学院的科研条件能够基本满足自己的科研需求
GZ3	社会服务条件	高校教师认为所在学校和学院的综合条件能够有效地支持自己的社会服务活动
GZ4	工作困难救助	高校教师认为所在学校的各级领导能够主动解决自己所遇到的各种不利于推进工作的困难
GZ5	工作条件改善	高校教师认为所在学校能够充分利用各种资源，最大程度地改善工作环境

6.1.3　高校教师组织认同要素设计

高校教师组织认同要素设计包括四个部分：他人认同要素设计、系（所）认同要素设计、学院认同要素设计、学校认同要素设计。

(1) 他人认同要素设计

他人认同是指在学校、学院、系（所）中，高校教师对同事的理念、思想、成就、贡献、志向、价值观等方面持认同的态度。随着我国对高等教育重视程度的提高，高校教师的生活条件也在改善，业余生活也愈加丰富多彩。在校园文化环境下，高校教师的生活情趣是影响组织承诺尤其是情感承诺的一个重要因素，也是组织认同中不可忽视的变量。

在扎根理论分析的基础上，高校教师他人认同要素除了他人理念认同、他人发展认同、他人情感认同、他人成就认同等指标外，还包含他人情趣认同指标。基于以上分析，高校教师他人认同要素设计的具体内容如表 6-9 所示。

表 6-9　高校教师他人认同要素设计

代码	名称	内容
TR1	他人理念认同	高校教师认为同事的价值理念、工作理念、生活理念与自己相一致
TR2	他人发展认同	高校教师认为同事的工作目标、努力方向、职业规划与自己相一致
TR3	他人情感认同	高校教师认为自己与同事之间存在真挚的、有助于自己身心健康的友情
TR4	他人成就认同	高校教师认为自己的同事为学校、学院、系（所）的发展做出了应有的贡献
TR5	他人情趣认同	高校教师认为同事的工作理念和生活情趣可以为自己提供良好的启迪

(2) 系（所）认同要素设计

系（所）认同是指高校教师对所在系（所）的领导风格、发展目标、文化氛围、工作环境等持认同的态度，并希望所在系（所）的发展越来越好。在扎根理论分析的基础上，通过对现有研究的整合，高校教师系（所）认同要素设计的具体内容如表 6-10 所示。

表 6-10　高校教师系（所）认同要素设计

代码	名称	内容
XS1	系(所)领导认同	高校教师认为系（所）的领导能够以身作则、兢兢业业，起到良好的带头作用
XS2	系(所)目标认同	高校教师愿意树立与所在系（所）的发展目标相一致的发展目标
XS3	系(所)情感认同	高校教师认为自己对所在的系（所）存在深深的依恋感
XS4	系(所)发展认同	高校教师真心希望自己所在的系（所）欣欣向荣，而不是对（系）所的发展持冷漠旁观态度
XS5	系(所)环境认同	高校教师认为系（所）的工作氛围有助于促进自己的成长和发展

（3）学院认同要素设计

学院认同是指高校教师对所在学院的领导素养、远期目标、人文环境等持认同的态度，并愿意为学院的发展积极谏言。在扎根理论分析的基础上，通过对现有研究的整合，高校教师学院认同要素设计的具体内容如表 6-11 所示。

表 6-11　高校教师学院认同要素设计

代码	名称	内容
XY1	学院领导认同	高校教师认为学院领导的领导风格、业务素养、思想品德有助于学院的发展
XY2	学院目标认同	高校教师愿意调整自己的发展目标，以便与学院的发展目标相一致
XY3	学院情感认同	高校教师认为自己的工作和生活已经融入学院的大家庭之中
XY4	学院发展认同	高校教师愿意为学院的发展积极谏言，而不是持“事不关己、高高挂起”的态度
XY5	学院环境认同	高校教师认为学院的文化环境可以为自己的业务开展和全面发展创造有利的文化条件

（4）学校认同要素设计

学校认同是指高校教师对所在学校的领导水平、战略目标、文化价值持认同的态度，不仅能主动维护学校的声誉，还能够积极参与到学校建设之中。在扎根理论分析的基础上，通过对现有研究的整合，高校教师学校认同要素设计的具体内容如表 6-12 所示。

表 6-12　高校教师学校认同要素设计

代码	名称	内容
XI1	学校领导认同	高校教师认为学校领导的战略视野、思维模式、品行修养与其担任的职务相符
XI2	学校目标认同	高校教师愿意调整自己的个人发展目标，以便更好地为学校发展做出贡献
XI3	学校情感认同	高校教师在任何环境下都会尽力维护所在学校的社会声誉，并积极树立良好的社会形象
XI4	学校发展认同	高校教师在合适的场合能够以主人翁的精神来思考和参与学校的长远发展规划
XI5	学校环境认同	高校教师认为学校的发展思维和价值理念可以为自己的成长引领方向

6.1.4　高校教师创新能力要素设计

高校教师创新能力要素设计包括三个部分：教学创新能力要素设计、科研创新能力要素设计、社会服务创新能力要素设计。

（1）教学创新能力要素设计

教学创新能力是指高校教师在教学上不断自我突破、逐步提升教学水平的能力，具体创新体现在教学方法、教学设备利用、教材使用、国际化教学、教学理念等方面。随着我国国际化战略的推进，高校国际化建设也在紧锣密鼓地展开，而国际化教学能力是高校国际化能力的基础，创新需求最高。

在扎根理论分析所得到的主范畴和对应范畴的基础上，高校教师教学创新能力要素除了教学方法创新、教学设备创新、教学教材创新、国际创新指标等指标，还包括教学理念创新指标。基于以上分析，高校教师教学创新能力要素设计的具体内容如表 6-13

所示。

表 6-13　高校教师教学创新能力要素设计

代码	名称	内容
JX1	教学方法创新	高校教师善于对教学方法进行改革，不断合理探索和应用新的教学模式
JX2	教学设备创新	高校教师善于利用新的教学设备，能够最大限度地发挥各种教学设备的功能
JX3	教学教材创新	高校教师善于编写、选择、改进教材，以最大程度地满足教学需求
JX4	教学国际创新	高校教师不断探索、改进和应用国际化教学模式，逐步提升自己的国际化教学能力
JX5	教学理念创新	高校教师善于吸收、“反刍”、应用国内外各种新的教学思想，不断充实自己的教学理念

（2）科研创新能力要素设计

科研创新能力是指高校教师在学术研究方面的创新能力，具体创新体现在科研方法、前沿热点追踪、国际交流、科研设备应用、科研理念等方面。在扎根理论分析的基础上，通过对现有研究的整合，高校教师科研创新能力要素设计的具体内容如表 6-14 所示。

表 6-14　高校教师科研创新能力要素设计

代码	名称	内容
KY1	科研方法创新	高校教师善于开拓、借鉴、试用最新的科研方法，以不断提高自己的科研效率
KY2	科研设备创新	高校教师善于提升自己的科研设备应用能力，以充分发挥科研设备的功能
KY3	科研探索创新	高校教师善于追踪和发现学科研究的前沿热点，以保持自己科研工作的领先性
KY4	科研国际创新	高校教师善于培养自己的国际化科研交流能力，以不断推进高校与国际前沿接轨
KY5	科研理念创新	高校教师善于引入、消化、吸收国内外各种新的科研理念，以不断更新自己的科研理念

（3）社会服务创新能力要素设计

社会服务创新能力是指高校教师将自己的才能、技术、经验应用于企业成长、环境治理、社会进步等方面的创新能力，包括自我能力推介、服务对象搜寻、关键需求满足、服务理念升级、国家性社会服务等方面。在国家宏观战略的引导下，我国高校国际化方兴未艾，高校教师在社会服务方面要逐渐走出国门，向国际服务迈进，积极寻找国际化合作的契机，在国际舞台上发挥自己的聪明才智。

在扎根理论分析所得到的主范畴和对应范畴的基础上，高校教师社会服务创新能力要素除了社会推广创新、社会对象创新、社会需求创新、社会国际创新等指标外，还包括社会理念创新指标。基于以上分析，高校教师社会服务创新能力要素设计的具体内容如表 6-15 所示。

表 6-15　高校教师社会服务创新能力要素设计

代码	名称	内容
SF1	社会推广创新	高校教师在社会上善于介绍、推广、宣传自己的专业技术、产品、专利，以树立良好的社会形象
SF2	社会对象创新	高校教师在社会上善于寻找合适的科技合作对象，以充分施展自己的科技才能
SF3	社会需求创新	高校教师能够设身处地地考虑合作方的技术需求，力争为企业、研究机构、军工部门等合作单位圆满解决关键性的技术难题
SF4	社会国际创新	高校教师有针对性地培育和开发自己的各种国际化服务能力，以适应我国的国际化战略发展方向和目标
SF5	社会理念创新	高校教师善于吸收、尝试、应用各种前沿性的社会服务理念，以不断提升自己的社会服务素养

6.2 问卷设计和样本调查

6.2.1 问卷设计

笔者将要素设计的内容经过适当的语义转换，形成本书所需的问卷，包括高校教师公平感知测度问卷（20 题项）、高校教师组织支持测度问卷（20 题项）、高校教师组织认同测度问卷（20 题项）、高校教师创新能力测度问卷（15 题项），共 75 个题项，具体内容见本书附录。

6.2.2 样本调查

本书在全国范围内以高校教师为对象进行样本调查。本次样本调查从 2020 年 3 月 1 日开始，至 2020 年 9 月 1 日结束，历时半年，采用李克特 7 点量表对高校教师公平感知、高校教师组织支持、高校教师组织认同、高校教师创新能力等进行调查。

为了提高问卷填答的准确性、合理性、公正性，本次调查决定：① 高校教师公平感知、高校教师组织支持、高校教师组织认同问卷由高校教师自己填写，因为高校教师对于公平感知、组织支持、组织认同的程度存在自己的主观判断；② 高校教师创新能力问卷，由高校教师所在部门的相关领导人员填答，相较于高校教师而言，领导填答更具有可信性。

在正式调查之前，笔者实施了问卷前测和试测。2020 年 3 月 4 日，笔者聘请所在高校的 3 名教师（分别来自管理学院、物理与电子工程学院、计算机学院）对问卷的 75 个题项进行了填答，然后与他们一起对 75 个题项进行讨论，发现其中的 7 个题项容易引起歧义，因而对题项表述进行了修正，使之更为形象和准确，从而完成了问卷前测。在问卷前测的基础上，2020 年 3 月 9 日，笔者在本校某学院的网络系务会上，邀请到会的 31 名高校教师进行问卷试测。31 名高校教师先对问卷的内容进行了简短的讨论，熟悉了问卷的基本填答要求，然后在线填写问卷，成功获取 29 份问卷。利用 Stata8.0 软件对公平感知、组织支持、组织认同、创新能力分别进行信度检验，得到的 Cronbach's α 值分别为 0.7299、0.8019、0.9134 和 0.7080，可见，问卷设计的信度较好，从而完成了问卷试测。

在问卷前测和试测之后，正式开始样本数据的调查。2020 年 3 月 15 日，在课题组成员的协助下，同时依靠高校同行、同学、校友的力量，在全国范围发放问卷 1000 份，至 2020 年 7 月 15 日，回收问卷 778 份，问卷回收率为 77.8%。由于每份问卷涉及两个填答者，即高校教师和所在组织的领导，因此，问卷调查的时间较长。在回收的 778 份问卷中，剔除无效问卷 63 份，剔除质量较低的问卷 118 份，剩余问卷 597 份。

由于本项研究具有全国性，需要兼顾地域平衡、专业平衡、年龄平衡、职称平衡、本科院校和高职院校之间的平衡、重点高校与非重点高校之间的平衡等，因此使用 Java 开发设计了平衡软件，输入了各项平衡标准数据，最终得到 400 份有效样本数据。本次样本调查在 2020 年 9 月 1 日之前圆满结束。

6.2.3　样本分布特征

基于 400 份样本数据，样本地域、专业、年龄、职称等分布特征如表 6-16 所示。

表 6-16 样本分布特征

属性	特征	份额	比例/%	属性	特征	份额	比例/%
地域分布	华北地区	62	15.5	从业时间分布	1~5 年	52	13.0
	中南地区	60	15.0		6~10 年	66	16.5
	华东地区	68	17.0		11~15 年	70	17.5
	东南地区	54	13.5		16~20 年	76	19.0
	西北地区	52	13.0		21~25 年	54	13.5
	西南地区	58	14.5		26~30 年	40	10.0
	东北地区	46	11.5		31~35 年	32	8.0
专业分布	材料	20	5.0		≥36 年	10	2.5
	物理	18	4.5	学位分布	博士	186	46.5
	化工	16	4.0		硕士	122	30.5
	环保	14	3.5		本科	80	20.0
	管理	22	5.5		专科及以下	12	3.0
	马克思列宁主义	10	2.5	院校属性分布	综合院校	164	41.0
	文学	10	2.5		工科院校	100	25.0
	数学	8	2.0		师范院校	12	3.0
	矿产	4	1.0		矿业院校	4	1.0
	艺术	12	3.0		医学院校	6	1.5
	医学	10	2.5		财经院校	10	2.5
	生物	8	2.0		农学院校	6	1.5
	自动化	28	7.0		地质院校	2	0.5
	外语	14	3.5		职业技术学院	64	16.0
	食品	6	1.5		其他类型院校	32	8.0
	财经	18	4.5	累计横向经费分布（近3年）	≤20 万	102	25.5
	农学	4	1.0		20 万~40 万	118	29.5
	教育	4	1.0		40 万~60 万	80	20.0
	其他	174	43.5		60 万~80 万	46	11.5
年龄分布	≤30 岁	26	6.5		80 万~100 万	32	8.0
	31~35 岁	44	11.0		≥100 万	22	5.5
	36~40 岁	108	27.0	累计纵向经费分布（近3年）	≤10 万	134	33.5
	41~45 岁	76	19.0		10 万~20 万	76	19.0
	46~50 岁	56	14.0		20 万~30 万	56	14.0
	51~55 岁	50	12.5		30 万~40 万	54	13.5
	≥56 岁	40	10.0		40 万~50 万	40	10.0
职称分布	正高级	98	24.5		≥50 万	40	10.0
	副高级	112	28.0	职务分布	处(院)级及以上	28	7.0
	中级	168	42.0		科（系）级	76	19.0
	初级及以下	22	5.5		无职务	296	74.0

6. 3　样本数据特征分析

样本数据特征包括四个部分：高校教师公平感知样本数据特征、高校教师组织支持样本数据特征、高校教师组织认同样本数据特征、高校教师创新能力样本数据特征。

6. 3. 1　高校教师公平感知样本数据特征

高校教师公平感知样本数据特征包括四个部分：分配公平感知样本数据特征、程序公平感知样本数据特征、人际公平感知样本数据特征、信息公平感知样本数据特征，具体内容如表 6-17 至表 6-20 所示。

表 6-17　高校教师分配公平感知样本数据特征

代码	名称	均值	方差	最大值	最小值	众数
FP1	工资分配公平	3. 85	0. 12	7	1	4
FP2	课时分配公平	2. 36	0. 29	7	1	2
FP3	科研分配公平	3. 13	0. 23	7	1	3
FP4	福利分配公平	3. 27	0. 20	7	1	3
FP5	服务分配公平	2. 12	0. 31	7	1	2

由表 6-17 可见，在高校教师分配公平感知要素体系中，指标“工资分配公平（FP1）”的均值最高，而指标“课时分配公平（FP2）”和“服务分配公平（FP5）”的均值较低。

表 6-18　高校教师程序公平感知样本数据特征

代码	名称	均值	方差	最大值	最小值	众数
CX1	工资程序公平	3. 91	0. 19	7	1	4
CX2	职称程序公平	3. 03	0. 34	7	1	3
CX3	职务程序公平	1. 98	0. 14	7	1	2
CX4	荣誉程序公平	2. 21	0. 22	7	1	2
CX5	进修程序公平	3. 26	0. 27	7	1	3

由表6-18可见，在高校教师程序公平感知要素体系中，指标“工资程序公平（CX1）”的均值最高，而指标“职务程序公平（CX3）”和“荣誉程序公平（CX4）”的均值较低。

表6-19　高校教师人际公平感知样本数据特征

代码	名称	均值	方差	最大值	最小值	众数
RJ1	教学人际公平	2.38	0.11	7	1	2
RJ2	科研人际公平	2.91	0.44	7	1	3
RJ3	社会人际公平	2.68	0.12	7	1	3
RJ4	关怀人际公平	2.71	0.16	7	1	3
RJ5	价值人际公平	2.31	0.20	7	1	2

由表6-19可见，在高校教师人际公平感知要素体系中，指标“科研人际公平（RJ2）”的均值最高，而指标“教学人际公平（RJ1）”和“价值人际公平（RJ5）”的均值较低。总体而言，人际公平感知要素体系指标的均值普遍偏低。

表6-20　高校教师信息公平感知样本数据特征

代码	名称	均值	方差	最大值	最小值	众数
XX1	工资信息公平	3.56	0.23	7	1	3
XX2	职称信息公平	3.21	0.36	7	1	3
XX3	职务信息公平	1.89	0.21	7	1	2
XX4	培训信息公平	2.91	0.33	7	1	3
XX5	财务信息公平	1.91	0.22	7	1	2

由表6-20可见，在高校教师信息公平感知要素体系中，指标“工资信息公平（XX1）”的均值最高，而指标“职务信息公平（XX3）”和“财务信息公平（XX5）”的均值较低。总体而言，信息公平感知要素体系指标的均值呈现出两极分化的特征。

6.3.2　高校教师组织支持样本数据特征

高校教师组织支持样本数据特征包括四个部分：组织公正样

本数据特征、领导支持样本数据特征、组织奖励样本数据特征、工作条件样本数据特征，具体内容如表6-21至表6-24所示。

表6-21 高校教师组织公正样本数据特征

代码	名称	均值	方差	最大值	最小值	众数
ZG1	教师选拔公正	2.87	0.21	7	1	3
ZG2	运营制度公正	2.92	0.16	7	1	3
ZG3	组织结构公正	2.76	0.13	7	1	3
ZG4	竞争制度公正	2.92	0.22	7	1	3
ZG5	招生就业公正	3.33	0.28	7	1	3

由表6-21可见，在高校教师组织公正要素体系中，指标均值普遍不高，也相差不大，其中，指标“招生就业公正（ZG5）”的均值最高。

表6-22 高校教师领导支持样本数据特征

代码	名称	均值	方差	最大值	最小值	众数
LD1	学校领导支持	1.29	0.14	7	1	2
LD2	学院领导支持	2.83	0.11	7	1	3
LD3	系（所）领导支持	2.92	0.16	7	1	3
LD4	日常生活支持	2.58	0.26	7	1	3
LD5	清正廉明支持	2.37	0.15	7	1	2

由表6-22可见，在高校教师领导支持要素体系中，指标均值普遍不高，其中，指标“学校领导支持（LD1）”的均值最低。

表 6-23　高校教师组织奖励样本数据特征

代码	名称	均值	方差	最大值	最小值	众数
ZZ1	教学组织奖励	2.77	0.13	7	1	3
ZZ2	科研组织奖励	2.81	0.11	7	1	3
ZZ3	社会组织奖励	2.32	0.29	7	1	2
ZZ4	校内无偏奖励	2.59	0.14	7	1	3
ZZ5	校外无偏奖励	1.78	0.21	7	1	2

由表 6-23 可见，在高校教师组织奖励要素体系中，指标均值普遍偏低，其中，指标“校外无偏奖励（ZZ5）”的均值最低。

表 6-24　高校教师工作条件样本数据特征

代码	名称	均值	方差	最大值	最小值	众数
GZ1	教学工作条件	3.33	0.38	7	1	3
GZ2	科研工作条件	3.12	0.33	7	1	3
GZ3	社会服务条件	2.78	0.41	7	1	3
GZ4	工作困难救助	2.12	0.36	7	1	2
GZ5	工作条件改善	2.66	0.29	7	1	3

由表 6-24 可见，在高校教师工作条件要素体系中，指标“教学工作条件（GZ1）”的均值最高，而指标“工作困难救助（GZ4）”的均值最低。

6.3.3　高校教师组织认同样本数据特征

高校教师组织认同样本数据特征包括四个部分：他人认同样本数据特征、系（所）认同样本数据特征、学院认同样本数据特征、学校认同样本数据特征，具体内容如表 6-25 至表 6-28 所示。

表 6-25 高校教师他人认同样本数据特征

代码	名称	均值	方差	最大值	最小值	众数
TR1	他人理念认同	2.22	0.18	7	1	2
TR2	他人发展认同	3.02	0.15	7	1	3
TR3	他人情感认同	3.52	0.08	7	1	4
TR4	他人成就认同	3.34	0.21	7	1	3
TR5	他人情趣认同	2.98	0.14	7	1	3

由表 6-25 可见，在高校教师他人认同要素体系中，指标“他人情感认同（TR3）”的均值最高，而指标“他人理念认同（TR1）”的均值最低。

表 6-26 高校教师系（所）认同样本数据特征

代码	名称	均值	方差	最大值	最小值	众数
XS1	系（所）领导认同	3.03	0.18	7	1	3
XS2	系（所）目标认同	2.76	0.27	7	1	3
XS3	系（所）情感认同	3.12	0.12	7	1	3
XS4	系（所）发展认同	3.27	0.31	7	1	3
XS5	系（所）环境认同	2.99	0.16	7	1	3

由表 6-26 可见，在高校教师系（所）认同要素体系中，指标“系（所）发展认同（XS4）”的均值最高，而指标“系（所）目标认同（XS2）”的均值最低。

表 6-27 高校教师学院认同样本数据特征

代码	名称	均值	方差	最大值	最小值	众数
XY1	学院领导认同	2.92	0.11	7	1	3
XY2	学院目标认同	2.12	0.19	7	1	2
XY3	学院情感认同	3.01	0.26	7	1	3
XY4	学院发展认同	2.71	0.23	7	1	3
XY5	学院环境认同	2.89	0.18	7	1	3

由表6-27可见，在高校教师学院认同要素体系中，指标“学院情感认同（XY3）”的均值最高，而指标“学院目标认同（XY2）”和“学院发展认同（XY4）”的均值较低。相比于高校教师系（所）认同样本数据，学院认同样本数据的均值整体上偏低。

表6-28　高校教师学校认同样本数据特征

代码	名称	均值	方差	最大值	最小值	众数
XI1	学校领导认同	1.77	0.11	7	1	2
XI2	学校目标认同	2.02	0.18	7	1	2
XI3	学校情感认同	2.88	0.25	7	1	3
XI4	学校发展认同	2.67	0.19	7	1	3
XI5	学校环境认同	2.79	0.20	7	1	3

由表6-28可见，在高校教师学校认同要素体系中，指标均值普遍较低。相比于学院认同样本数据而言，学校认同样本数据指标均值普遍偏低，其中，指标“学校领导认同（XI1）”和“学校目标认同（XI2）”的均值均较低。

6.3.4　高校教师创新能力样本数据特征

高校教师创新能力样本数据特征包括三个部分：教学创新能力样本数据特征、科研创新能力样本数据特征、社会服务创新能力样本数据特征，具体内容如表6-29至表6-31所示。

表6-29　高校教师教学创新能力样本数据特征

代码	名称	均值	方差	最大值	最小值	众数
JX1	教学方法创新	2.02	0.16	7	1	2
JX2	教学设备创新	3.43	0.27	7	1	3
JX3	教学教材创新	3.02	0.15	7	1	3
JX4	教学国际创新	3.44	0.36	7	1	3
JX5	教学理念创新	1.89	0.29	7	1	2

由表 6-29 可见，在高校教师创新能力要素体系中，指标“教学国际创新（JX4）”的均值最高，而指标“教学方法创新（JX1）”和“教学理念创新（JX5）”的均值较低。

表 6-30　高校教师科研创新能力样本数据特征

代码	名称	均值	方差	最大值	最小值	众数
KY1	科研方法创新	2. 98	0. 18	7	1	3
KY2	科研设备创新	2. 35	0. 22	7	1	2
KY3	科研探索创新	3. 12	0. 14	7	1	3
KY4	科研国际创新	2. 39	0. 20	7	1	2
KY5	科研理念创新	2. 88	0. 07	7	1	3

由表 6-30 可见，在高校教师科研创新能力要素体系中，指标“科研探索创新（KY3）”的均值最高，而指标“科研设备创新（KY2）”和“科研国际创新（KY4）”的均值较低。

表 6-31　高校教师社会服务创新能力样本数据特征

代码	名称	均值	方差	最大值	最小值	众数
SF1	社会推广创新	3. 14	0. 22	7	1	3
SF2	社会对象创新	3. 67	0. 33	7	1	4
SF3	社会需求创新	2. 22	0. 22	7	1	2
SF4	社会国际创新	2. 19	0. 11	7	1	2
SF5	社会理念创新	3. 00	0. 18	7	1	3

由表 6-31 可见，在高校教师社会服务创新能力要素体系中，指标“社会对象创新（SF2）”的均值最高，而指标“社会需求创新（SF3）”和“社会国际创新（SF4）”的均值较低。

6. 4　本章小结

通过实验研究、扎根理论分析、研究模型设计，本书构建了高校教师公平感知对创新能力驱动的系列研究模型。为了实施对系列研究模型的有效检验，需要进行各种研究设计，从而为模型的实证检验做好充足的准备。因此，本章实施了要素设计、问卷设计、样本调查、样本分布特征分析、样本数据特征分析等，其中，要素设计包括高校教师公平感知要素设计、组织支持要素设计、组织认同要素设计、创新能力要素设计四个部分。高校教师公平感知对创新能力驱动的研究设计是研究模型设计的后继，也是研究模型检验的先导，在整体研究中起着承上启下的作用。

第7章　高校教师公平感知对创新能力驱动的研究模型检验

在研究模型设计的基础上，基于中国高校教师的样本数据，本章对研究模型进行检验，包括基本模型检验和中介效应模型检验，从而揭示高校教师公平感知对创新能力驱动的微观机理，发现公平感知培育的优势和不足，为公平感知驱动策略的提出奠定理论基础。

7.1　要素 KMO 检验和 Bartlett's 球形检验

KMO 检验统计量是统计学中一个常用的统计量，主要用于比较变量间的简单相关系数和偏相关系数。如果变量间的简单相关系数平方和远远大于偏相关系数平方和，那么，KMO 值就趋近于1，说明各个变量之间的相关性很强，适合进行因子分析；如果 KMO 值趋近于0，说明各个变量之间的相关性很弱，不适合进行因子分析。

具体而言，如果 KMO 值大于0.9，则表示非常适合进行因子分析。如果 KMO 值在 0.8 和 0.9 之间，则表示适合进行因子分析。如果 KMO 值在0.7 和0.8 之间，则表示一般性适合进行因子分析。如果 KMO 值在0.6 和0.7 之间，则表示不太适合进行因子分析。如果 KMO 值小于0.6，则表示极不适合进行因子分析。

Bartlett's 球形检验主要用于检验样本数据的分布状态，以及各个变量之间的相互独立状况。如果仅考察一个变量，那么，所有的样本数据就会分布在一条直线上。如果考察两个完全独立的变量，那么，所有的样本数据就会分布在两条直线上，且这两条直线相互垂直。如果考察三个完全独立的变量，那么，所有的样本数据就会分布在三条直线上，且这三条直线相互垂直。同理，如果考察 n 个相互独立的变量，那么，所有的样本数据都会分布在 n 条直线上，且这 n 条直线相互垂直。由此可见，在每个变量的样本数据的取值大致相等的条件下，所有的样本数据如同分布在一个球体的内部。如果不实施球形检验，就会违背因子分析的独立性假设。通常情况下，如果 Sig 值小于 0. 05，说明数据分布呈现出球形的特征，可以实施因子分析。

基于 400 份样本数据，利用 SPSS 18. 0 软件，分别对高校教师公平感知要素、组织支持要素、组织认同要素、创新能力要素进行 KMO 检验和 Bartlett's 球形检验，检验结果分别如表 7-1 至表 7-4 所示。根据检验结果可知，四个要素体系均适合进行因子分析。

表 7-1　高校教师公平感知要素 KMO 检验和 Bartlett's 球形检验

检验属性	指标名称	指标值
KMO 检验	KMO	0. 890
Bartlett's 球形检验	自由度 *df*	190
	近似卡方 Approx. Chi-Square	222. 29
	Sig 值（*P* 值）	0. 005

表 7-2　高校教师组织认同要素 KMO 检验和 Bartlett's 球形检验

检验属性	指标名称	指标值
KMO 检验	KMO	0. 888
Bartlett's 球形检验	自由度 *df*	190
	近似卡方 Approx. Chi-Square	191. 82
	Sig 值（*P* 值）	0. 000

表 7-3　高校教师组织支持要素 KMO 检验和 Bartlett's 球形检验

检验属性	指标名称	指标值
KMO 检验	KMO	0.912
Bartlett's 球形检验	自由度 *df*	190
	近似卡方 Approx. Chi-Square	188.65
	Sig 值（*P* 值）	0.000

表 7-4　高校教师创新能力要素 KMO 检验和 Bartlett's 球形检验

检验属性	指标名称	指标值
KMO 检验	KMO	0.901
Bartlett's 球形检验	自由度 *df*	105
	近似卡方 Approx. Chi-Square	179.82
	Sig 值（*P* 值）	0.000

7.2　要素信度检验

信度是心理测量学的一个基本概念，后来逐渐扩展到社会科学的其他领域。信度是指测量结果的可靠程度，反映了测量结果受随机误差影响的程度，是评价测量结果质量的最基本的指标，而不是对测量工具本身的评价。因此，信度是测量结果的一个属性，或者说是测量分数的一个属性，而不是测量工具本身的属性。对于每一次测量而言，其所用样本所处的环境条件与策略工具在编制时所处的环境条件不可能完全相同，因而测量结果可信的程度也会有所变化。使用同一个测量工具进行测量，每次测量结果的信度一般都会存在差异。作为一种事物的属性，信度只具有程度上的大小，而非绝对的有无。每次测量都会得到一个信度系数，如果这个系数达不到一定的标准，这次测量就被认为不可靠。在每次测量中，由于误差不会为零，因而不会出现绝对可靠的测量结果[130]。

信度检验常用 Cronbach's α 系数来衡量，它反映了问卷题项的内部一致性程度。如果 Cronbach's α 系数大于 0.70，说明问卷具有较高的内部一致性，则认为该次测量结果具有较好的信度。

7.2.1 高校教师公平感知要素信度检验

基于 400 份样本数据，利用 SPSS 18.0 软件，对高校教师公平感知要素进行信度检验，检验结果如表 7-5 所示。根据信度检验结果可知，指标"课时分配公平（FP2）"和"职务程序公平（CX3）""教学人际公平（RJ1）"和"职务信息公平（XX3）"没有通过信度检验。

表 7-5 高校教师公平感知要素信度检验

要素	分配公平（FP）	程序公平（CX）	人际公平（RJ）	信息公平（XX）
工资分配公平（FP1）	0.910	0.376	0.258	0.167
课时分配公平（FP2）	0.376	9.11×10^{-2}	0.000	4.55×10^{-2}
科研分配公平（FP3）	0.775	0.416	0.390	0.361
福利分配公平（FP4）	0.800	0.000	0.440	0.365
服务分配公平（FP5）	0.729	0.400	8.00×10^{-2}	0.000
工资程序公平（CX1）	6.85×10^{-2}	0.781	0.239	0.177
职称程序公平（CX2）	0.289	0.802	0.196	6.66×10^{-2}
职务程序公平（CX3）	0.000	0.319	0.222	3.87×10^{-2}
荣誉程序公平（CX4）	0.307	0.722	0.000	0.313
进修程序公平（CX5）	0.108	0.790	0.346	0.237
教学人际公平（RJ1）	0.461	0.333	0.400	0.341
科研人际公平（RJ2）	0.000	0.179	0.888	0.000
社会人际公平（RJ3）	7.19×10^{-2}	0.277	0.769	0.436
关怀人际公平（RJ4）	0.345	0.000	0.850	0.123
价值人际公平（RJ5）	0.199	0.216	0.717	0.296

续表

要素	分配公平（FP）	程序公平（CX）	人际公平（RJ）	信息公平（XX）
工资信息公平（XX1）	0.000	0.433	0.196	0.792
职称信息公平（XX2）	0.205	7.68×10^{-2}	0.226	0.729
职务信息公平（XX3）	0.169	0.114	0.000	0.359
培训信息公平（XX4）	8.10×10^{-2}	0.371	0.177	0.808
财务信息公平（XX5）	0.385	0.000	5.55×10^{-2}	0.766
Cronbach's α 系数	0.777	0.829	0.834	0.716
解释方差/%	22.58	19.10	17.63	23.82
累计方差/%	22.58	41.68	59.31	83.13

7.2.2　高校教师组织支持要素信度检验

基于 400 份样本数据，利用 SPSS 18.0 软件，对高校教师组织支持要素进行信度检验，检验结果如表 7-6 所示。根据信度检验结果可知，指标“学校领导支持（LD1）”和“校内无偏奖励（ZZ4）”没有通过信度检验。

表 7-6　高校教师组织支持要素信度检验

要素	组织公正（ZG）	领导支持（LD）	组织奖励（ZZ）	工作条件（GZ）
教师选拔公正（ZG1）	0.888	0.133	0.000	0.259
运营制度公正（ZG2）	0.812	0.111	7.75×10^{-2}	0.375
组织结构公正（ZG3）	0.769	0.236	8.18×10^{-2}	0.434
竞争制度公正（ZG4）	0.700	0.385	0.000	0.127
招生就业公正（ZG5）	0.796	0.227	0.308	7.67×10^{-2}
学校领导支持（LD1）	0.000	0.302	0.476	0.411
学院领导支持（LD2）	0.313	0.929	0.389	0.296

续表

要素	组织公正（ZG）	领导支持（LD）	组织奖励（ZZ）	工作条件（GZ）
系（所）领导支持（LD3）	0.444	0.886	0.109	0.000
日常生活支持（LD4）	8.88×10^{-2}	0.776	9.01×10^{-2}	8.99×10^{-2}
清正廉明支持（LD5）	0.000	0.729	0.351	0.403
教学组织奖励（ZZ1）	6.17×10^{-2}	0.266	0.761	0.207
科研组织奖励（ZZ2）	0.289	0.410	0.832	0.391
社会组织奖励（ZZ3）	0.000	0.189	0.870	0.286
校内无偏奖励（ZZ4）	0.400	8.10×10^{-2}	0.433	0.177
校外无偏奖励（ZZ5）	0.222	0.301	0.758	6.16×10^{-2}
教学工作条件（GZ1）	0.123	0.267	0.355	0.769
科研工作条件（GZ2）	0.135	0.000	0.227	0.834
社会服务条件（GZ3）	3.73×10^{-2}	0.296	5.45×10^{-2}	0.812
工作困难救助（GZ4）	0.444	0.151	0.000	0.830
工作条件改善（GZ5）	0.188	0.177	0.185	0.755
Cronbach's α 系数	0.763	0.822	0.878	0.759
解释方差/%	21.87	19.04	18.25	22.77
累计方差/%	21.87	40.91	59.16	81.93

7.2.3 高校教师组织认同要素信度检验

基于400份样本数据，利用SPSS 18.0软件，对高校教师组织认同要素进行信度检验，检验结果如表7-7所示。根据信度检验结果可知，指标“他人理念认同（TR1）”“系（所）目标认同（XS2）”“学院目标认同（XY2）”和“学校目标认同（XI2）”没有通过信度检验。

表 7-7　高校教师组织认同要素信度检验

要素	他人认同（TR）	系（所）认同（XS）	学院认同（XY）	学校认同（XI）
他人理念认同（TR1）	0. 399	0. 344	0. 280	0. 000
他人发展认同（TR2）	0. 826	0. 000	0. 461	0. 140
他人情感认同（TR3）	0. 722	0. 446	0. 000	0. 323
他人成就认同（TR4）	0. 934	0. 179	0. 396	0. 267
他人情趣认同（TR5）	0. 818	0. 000	0. 267	8.91×10^{-2}
系（所）领导认同（XS1）	0. 128	0. 899	9.12×10^{-2}	0. 456
系（所）目标认同（XS2）	0. 000	0. 321	0. 180	0. 000
系（所）情感认同（XS3）	0. 289	0. 782	0. 405	0. 260
系（所）发展认同（XS4）	0. 308	0. 765	0. 250	8.71×10^{-2}
系（所）环境认同（XS5）	0. 000	0. 717	0. 351	0. 111
学院领导认同（XY1）	6.53×10^{-2}	0. 320	0. 835	0. 410
学院目标认同（XY2）	0. 222	0. 266	0. 326	0. 344
学院情感认同（XY3）	0. 156	0. 000	0. 768	0. 000
学院发展认同（XY4）	0. 413	0. 182	0. 757	0. 229
学院环境认同（XY5）	0. 332	7.19×10^{-2}	0. 932	6.15×10^{-2}
学校领导认同（XI1）	5.55×10^{-2}	0. 186	0. 317	0. 731
学校目标认同（XI2）	0. 328	0. 000	0. 167	0. 352
学校情感认同（XI3）	0. 387	0. 256	0. 433	0. 763
学校发展认同（XI4）	0. 107	8.88×10^{-2}	0. 351	0. 800
学校环境认同（XI5）	0. 414		0. 222	0. 834
Cronbach's α 系数	0. 816	0. 886	0. 767	0. 730
解释方差/%	21. 08	18. 19	17. 63	23. 29
累计方差/%	21. 08	39. 27	56. 90	80. 19

7.2.4 高校教师创新能力要素信度检验

基于400份样本数据，利用SPSS 18.0软件，对高校教师创新能力要素进行信度检验，检验结果如表7-8所示。根据信度检验结果可知，指标“教学理念创新（JX5）”没有通过信度检验。

表7-8 高校教师创新能力要素信度检验

要素	教学创新能力（JX）	科研创新能力（KY）	社会服务创新能力（SF）
教学方法创新（JX1）	0.777	3.34×10^{-2}	0.200
教学设备创新（JX2）	0.826	0.178	6.52×10^{-2}
教学教材创新（JX3）	0.938	0.433	0.000
教学国际创新（JX4）	0.717	7.88×10^{-2}	0.382
教学理念创新（JX5）	0.465	0.000	0.189
科研方法创新（KY1）	0.000	0.888	0.261
科研设备创新（KY2）	0.111	0.706	0.000
科研探索创新（KY3）	0.303	0.751	0.404
科研国际创新（KY4）	0.234	0.760	2.89×10^{-2}
科研理念创新（KY5）	0.000	0.703	7.77×10^{-2}
社会推广创新（SF1）	0.146	0.287	0.880
社会对象创新（SF2）	0.461	0.000	0.728
社会需求创新（SF3）	9.02×10^{-2}	0.355	0.762
社会国际创新（SF4）	0.297	0.190	0.755
社会理念创新（SF5）	0.381	0.265	0.800
Cronbach's α 系数	0.876	0.719	0.879
解释方差/%	22.19	22.22	19.58
累计方差/%	22.19	44.41	63.99

7.3　要素效度检验

效度反映了测量结果与真实值之间的差异，也指心理测验能够测量到它所要测量的事物属性的程度，一般分为内容效度、效标效度、结构效度三种类型。内容效度是指实际测评到的内容与期望测评内容的一致性程度，在实际操作中主要采用定性分析方法进行鉴定。效标效度是指测评结果与效标的一致性程度。效标是一种用来衡量测评有效性的外在参照标准，可以是一种测评结果，也可以是标准测评分数。结构效度是指实际测评结果在多大程度上能够被看作是所要测评要素在结构上的替代物。为了证实结构效度，一个检验不仅与理论上应该相关的那些变量具有高相关性，而且与理论上应该区别的那些变量具有低相关性[131]。

本书对问卷进行了前测和试测，聘请了 3 位专家进行辨识，因而问卷具有一定的内容效度。由于本书的问卷调查结果目前不存在权威性的参照标准，因而不适合进行效标效度检验。本书采用验证性因子分析方法对要素进行结构效度检验。

7.3.1　高校教师公平感知要素效度检验

由于指标“课时分配公平（FP2）”“职务程序公平（CX3）”“教学人际公平（RJ1）”和“职务信息公平（XX3）”没有通过信度检验，因此，在效度检验之前，删除这些指标。在信度检验的基础上，基于 400 份样本数据，利用 SPSS 18.0 软件和 Lisrel 8.7 软件，对高校教师公平感知要素进行效度检验，检验结果如表 7-9 所示。如果指标相关系数值低于 0.2，则说明指标之间关联性弱，无法通过检验。根据效度检验结果可知，指标“服务分配公平（FP5）”“荣誉程序公平（CX4）”“价值人际公平（RJ5）”和“财务信息公平（XX5）”没有通过效度检验。

表 7-9　高校教师公平感知要素效度检验

指标	分配公平（FP）	程序公平（CX）	人际公平（RJ）	信息公平（XX）	标准差（SE）	*T* 值
工资分配公平（FP1）	0. 37				0. 10	3. 70
科研分配公平（FP3）	0. 30				0. 07	4. 29
福利分配公平（FP4）	0. 44				0. 11	4. 00
服务分配公平（FP5）	0. 13				0. 09	1. 44
工资程序公平（CX1）		0. 46			0. 12	3. 83
职称程序公平（CX2）		0. 29			0. 10	2. 90
荣誉程序公平（CX4）		0. 17			0. 13	1. 25
进修程序公平（CX5）		0. 31			0. 12	2. 58
科研人际公平（RJ2）			0. 26		0. 04	6. 50
社会人际公平（RJ3）			0. 32		0. 08	4. 00
关怀人际公平（RJ4）			0. 31		0. 10	3. 10
价值人际公平（RJ5）			0. 18		0. 12	1. 50
工资信息公平（XX1）				0. 43	0. 14	3. 07
职称信息公平（XX2）				0. 34	0. 10	3. 40
培训信息公平（XX4）				0. 25	0. 05	5. 00

续表

指标	分配公平（FP）	程序公平（CX）	人际公平（RJ）	信息公平（XX）	标准差（SE）	*T* 值
财务信息公平（XX5）				0.14	0.10	1.40
相关系数 *Φ*	分配公平（FP）	程序公平（CX）	人际公平（RJ）	信息公平（XX）	最小 *T* 值	
分配公平（FP）	1.00					
程序公平（CX）	0.21	1.00			1.78	
人际公平（RJ）	0.09	0.13	1.00		1.03	
信息公平（XX）	0.17	0.08	0.26	1.00	1.59	

高校教师公平感知要素效度检验的拟合指数见表 7-10。比较拟合指数值和最优值可知，高校教师公平感知要素具有较好的效度。

表 7-10　高校教师公平感知要素效度检验的拟合指数

拟合指数名称	χ^2/df	RMSEA	SRMR	CFI	NFI	IFI	GFI	AGFI
拟合指数值	2.19	0.062	0.029	0.911	0.934	0.910	0.927	0.958
最优值	<3	<0.08	<0.1	>0.9	>0.9	>0.9	>0.9	>0.9

7.3.2　高校教师组织支持要素效度检验

由于指标“学校领导支持（LD1）”和“校内无偏奖励（ZZ4）”没有通过信度检验，因此，在效度检验之前，删除这些指标。在信度检验的基础上，基于 400 份样本数据，利用 SPSS 18.0 软件和 Lisrel 8.7 软件，对高校教师组织支持要素进行效度检验，检验结果如表 7-11 所示。根据效度检验结果可知，指标“工作困难救助（GZ4）”没有通过效度检验。

表 7-11　高校教师组织支持要素效度检验

指标	组织公正（ZG）	领导支持（LD）	组织奖励（ZZ）	工作条件（GZ）	标准差（SE）	*T* 值
教师选拔公正（ZG1）	0. 36				0. 09	4. 00
运营制度公正（ZG2）	0. 28				0. 06	4. 75
组织结构公正（ZG3）	0. 43				0. 10	4. 30
竞争制度公正（ZG4）	0. 44				0. 11	4. 00
招生就业公正（ZG5）	0. 37				0. 06	6. 17
学院领导支持（LD2）		0. 29			0. 10	2. 90
系（所）领导支持（LD3）		0. 35			0. 07	5. 00
日常生活支持（LD4）		0. 30			0. 08	3. 75
清正廉明支持（LD5）		0. 46			0. 11	4. 27
教学组织奖励（ZZ1）			0. 34		0. 07	4. 86
科研组织奖励（ZZ2）			0. 27		0. 06	4. 50
社会组织奖励（ZZ3）			0. 32		0. 12	2. 67
校外无偏奖励（ZZ5）			0. 40		0. 13	3. 08
教学工作条件（GZ1）				0. 41	0. 10	4. 10
科研工作条件（GZ2）				0. 43	0. 09	4. 78

续表

指标	组织公正（ZG）	领导支持（LD）	组织奖励（ZZ）	工作条件（GZ）	标准差（SE）	*T* 值
社会服务条件（GZ3）				0.38	0.12	3.17
工作困难救助（GZ4）				0.15	0.08	1.88
工作条件改善（GZ5）				0.31	0.07	4.43
相关系数 *Φ*	组织公正（ZG）	领导支持（LD）	组织奖励（ZZ）	工作条件（GZ）	最小 *T* 值	
组织公正（ZG）	1.00					
领导支持（LD）	0.30	1.00			2.79	
组织奖励（ZZ）	0.27	0.26	1.00		5.55	
工作条件（GZ）	0.18	0.19	0.33	1.00	3.92	

高校教师组织支持要素效度检验的拟合指数见表 7-12。比较拟合指数值和最优值可知，高校教师组织支持要素具有较好的效度。

表 7-12　高校教师组织支持要素效度检验的拟合指数

拟合指数名称	χ^2/df	RMSEA	SRMR	CFI	NFI	IFI	GFI	AGFI
拟合指数值	1.18	0.053	0.037	0.946	0.988	0.922	0.919	0.929
最优值	<3	<0.08	<0.1	>0.9	>0.9	>0.9	>0.9	>0.9

7.3.3　高校教师组织认同要素效度检验

由于指标“他人理念认同（TR1）”“系（所）目标认同（XS2）”“学院目标认同（XY2）”和“学校目标认同（XI2）”

没有通过信度检验，因此，在效度检验之前，删除这些指标。在信度检验的基础上，基于400份样本数据，利用SPSS 18.0软件和Lisrel 8.7软件，对高校教师组织认同要素进行效度检验，检验结果如表7-13所示。根据效度检验结果可知，指标“学院发展认同（XY4）”和“学校领导认同（XI1）”没有通过效度检验。

表7-13　高校教师组织认同要素效度检验

指标	他人认同（TR）	系（所）认同（XS）	学院认同（XY）	学校认同（XI）	标准差（SE）	*T*值
他人发展认同（TR2）	0.33				0.07	4.71
他人情感认同（TR3）	0.41				0.12	3.42
他人成就认同（TR4）	0.26				0.05	5.20
他人情趣认同（TR5）	0.34				0.12	2.83
系（所）领导认同（XS1）		0.40			0.08	5.00
系（所）情感认同（XS3）		0.27			0.06	4.50
系（所）发展认同（XS4）		0.38			0.13	2.91
系（所）环境认同（XS5）		0.37			0.12	3.08
学院领导认同（XY1）			0.22		0.07	3.14
学院情感认同（XY3）			0.43		0.10	4.30
学院发展认同（XY4）			0.14		0.13	1.07
学院环境认同（XY5）			0.28		0.07	4.00

续表

指标	他人认同（TR）	系（所）认同（XS）	学院认同（XY）	学校认同（XI）	标准差（SE）	*T* 值
学校领导认同（XI1）				0. 10	0. 06	1. 67
学校情感认同（XI3）				0. 37	0. 10	3. 70
学校发展认同（XI4）				0. 32	0. 07	4. 58
学校环境认同（XI5）				0. 29	0. 08	3. 63
相关系数 *Φ*	他人认同（TR）	系（所）认同（XS）	学院认同（XY）	学校认同（XI）	最小 *T* 值	
他人认同（TR）	1. 00					
系（所）认同（XS）	0. 31	1. 00			2. 22	
学院认同（XY）	0. 20	0. 26	1. 00		3. 87	
学校认同（XI）	0. 24	0. 19	0. 27	1. 00	4. 51	

高校教师组织认同要素效度检验的拟合指数见表 7-14。比较拟合指数值和最优值可知，高校教师组织认同要素具有较好的效度。

表 7-14　高校教师组织认同要素效度检验的拟合指数

拟合指数名称	χ^2/df	RMSEA	SRMR	CFI	NFI	IFI	GFI	AGFI
拟合指数值	1. 07	0. 044	0. 021	0. 920	0. 982	0. 976	0. 933	0. 951
最优值	<3	<0. 08	<0. 1	>0. 9	>0. 9	>0. 9	>0. 9	>0. 9

7.3.4 高校教师创新能力要素效度检验

由于指标“教学理念创新（JX5）”没有通过信度检验，因而在效度检验前予以删除。在信度检验的基础上，基于400份样本数据，利用SPSS 18.0软件和Lisrel 8.7软件，对高校教师创新能力要素进行效度检验，检验结果如表7-15所示。根据效度检验结果可知，指标“教学方法创新（JX1）”“科研设备创新（KY2）”“科研国际创新（KY4）”“社会需求创新（SF3）”和“社会国际创新（SF4）”没有通过效度检验。

表7-15 高校教师创新能力要素效度检验

指标	教学创新能力（JX）	科研创新能力（KY）	社会服务创新能力（SF）	标准差（SE）	*T*值
教学方法创新（JX1）	0.13			0.11	1.18
教学设备创新（JX2）	0.37			0.10	3.70
教学教材创新（JX3）	0.26			0.04	6.50
教学国际创新（JX4）	0.28			0.07	4.00
科研方法创新（KY1）		0.29		0.09	3.22
科研设备创新（KY2）		0.16		0.12	1.33
科研探索创新（KY3）		0.30		0.08	3.75
科研国际创新（KY4）		0.15		0.12	1.25
科研理念创新（KY5）		0.25		0.05	5.00
社会推广创新（SF1）			0.39	0.13	3.00

续表

指标	教学创新能力（JX）	科研创新能力（KY）	社会服务创新能力（SF）	标准差（SE）	*T* 值
社会对象创新（SF2）			0.26	0.06	4.33
社会需求创新（SF3）			0.17	0.09	1.89
社会国际创新（SF4）			0.11	0.10	1.10
社会理念创新（SF5）			0.33	0.12	2.68
相关系数 *Φ*	教学创新能力（JX）	科研创新能力（KY）	社会服务创新能力（SF）	最小 *T* 值	
教学创新能力（JX）	1.00				
科研创新能力（KY）	0.14	1.00		2.10	
社会服务创新能力（SF）	0.25	0.32	1.00	3.87	

高校教师创新能力要素效度检验的拟合指数见表 7-16。比较拟合指数值和最优值可知，高校教师创新能力要素具有较好的效度。

表 7-16　高校教师创新能力要素效度检验的拟合指数

拟合指数名称	χ^2/df	RMSEA	SRMR	CFI	NFI	IFI	GFI	AGFI
拟合指数值	1.33	0.028	0.036	0.981	0.933	0.950	0.921	0.973
最优值	<3	<0.08	<0.1	>0.9	>0.9	>0.9	>0.9	>0.9

7.4 研究模型检验

基于结构方程模型（SEM）的思想和方法，本小节对研究模型进行检验，包括基本研究模型检验、组织支持中介效应研究模型检验、组织认同中介效应研究模型检验、双重链式中介效应研究模型检验。

7.4.1 基本研究模型检验

在信度检验和效度检验的基础上，基于400份样本数据，利用SPSS 18.0软件和Lisrel 8.7软件，对基本研究模型进行检验，检验结果如表7-17所示。*T*值大于1.96表示通过检验，*T*值小于1.96表示未通过检验。

表7-17 基本研究模型检验结果

假设	路径	路径系数	*T*值	检验结果
H1-1	分配公平感知→教学创新能力	0.31	3.98	通过
H1-2	分配公平感知→科研创新能力	0.29	2.77	通过
H1-3	分配公平感知→社会服务创新能力	0.34	4.16	通过
H2-1	程序公平感知→教学创新能力	0.26	3.38	通过
H2-2	程序公平感知→科研创新能力	0.30	5.18	通过
H2-3	程序公平感知→社会服务创新能力	0.41	2.11	通过
H3-1	人际公平感知→教学创新能力	0.16	1.89	未通过
H3-2	人际公平感知→科研创新能力	0.21	2.08	通过
H3-3	人际公平感知→社会服务创新能力	0.27	3.88	通过
H4-1	信息公平感知→教学创新能力	0.11	1.29	未通过
H4-2	信息公平感知→科研创新能力	0.29	6.77	通过
H4-3	信息公平感知→社会服务创新能力	0.09	1.13	未通过

根据检验结果可知，假设H3-1、H4-1、H4-3没有通过检

验，而其余假设均通过了检验。

基本研究模型检验的拟合指数见表 7-18，由表 7-18 可知，各项拟合指数的指标值均在合理范围之内，因此，基本研究模型检验的效果较好，不需要再进行模型修正。

表 7-18 基本研究模型检验的拟合指数

拟合指数类型	拟合指数名称	拟合指数值
绝对拟合指数	χ^2/df	1.119
	GFI	0.933
	AGFI	0.907
	RMSEA	0.044
相对拟合指数	NFI	0.910
	TLI	0.927
	CFI	0.969
信息标准指数	AIC	118.812
	CAIC	202.376
	ECVI	0.858

基本研究模型的检验结果如图 7-1 所示，其中，虚线部分表示未通过检验的研究假设。

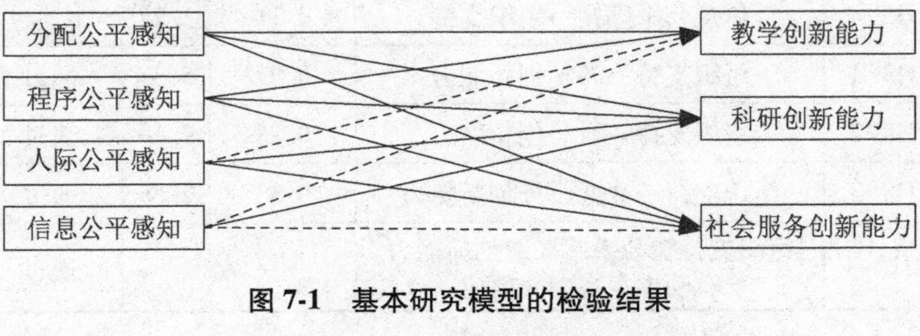

图 7-1 基本研究模型的检验结果

7.4.2 组织支持中介效应研究模型检验

在信度检验和效度检验的基础上，基于 400 份样本数据，利用 SPSS 18.0 软件和 Lisrel 8.7 软件，对组织支持中介效应研究模型进行检验，检验结果如表 7-19 所示。

表 7-19 组织支持中介效应研究模型检验结果

假设	路径	路径系数	*T* 值	检验结果
H1-1	分配公平感知→教学创新能力	0.30	2.98	通过
H1-2	分配公平感知→科研创新能力	0.26	4.66	通过
H1-3	分配公平感知→社会服务创新能力	0.31	7.15	通过
H2-1	程序公平感知→教学创新能力	0.24	3.44	通过
H2-2	程序公平感知→科研创新能力	0.28	2.76	通过
H2-3	程序公平感知→社会服务创新能力	0.37	5.55	通过
H3-1	人际公平感知→教学创新能力	0.12	1.23	未通过
H3-2	人际公平感知→科研创新能力	0.17	1.87	未通过
H3-3	人际公平感知→社会服务创新能力	0.26	3.87	通过
H4-1	信息公平感知→教学创新能力	0.09	1.08	未通过
H4-2	信息公平感知→科研创新能力	0.25	6.12	通过
H4-3	信息公平感知→社会服务创新能力	0.07	1.11	未通过
H5-1	分配公平感知→组织支持	0.26	3.00	通过
H5-2	程序公平感知→组织支持	0.30	4.16	通过
H5-3	人际公平感知→组织支持	0.14	1.88	未通过
H5-4	信息公平感知→组织支持	0.11	1.27	未通过
H8-1	组织支持→教学创新能力	0.27	5.35	通过
H8-2	组织支持→科研创新能力	0.28	7.19	通过
H8-3	组织支持→社会服务创新能力	0.33	2.66	通过
H10-1	组织支持在公平感知对创新能力驱动中存在中介效应			通过

根据检验结果可知，假设 H3-1、H3-2、H4-1、H4-3、H5-3、H5-4 没有通过检验，而其余假设均通过了检验。分析可知：① 与表 7-17 的基本研究模型检验结果相比，H1 系列假设、

H2 系列假设、H3 系列假设的路径系数普遍下降，说明在高校教师公平感知对创新能力的促进过程中，组织支持存在中介效应，因此，如果增强组织支持的功能，那么，高校教师公平感知就会更为有效地促进创新能力的成长。② 分配公平感知和程序公平感知等低端公平感知对组织支持存在明显的促进作用，而人际公平感知和信息公平感知等高端公平感知对组织支持缺乏促进功能，因此，从组织支持优化的视角来看，高校教师公平感知仍有待提高。③ 组织支持对高校教师教学创新能力、科研创新能力、社会服务创新能力均存在显著的促进作用，但这种促进作用尚处于不完全状态。

组织支持中介效应研究模型检验的拟合指数见表 7-20，由表 7-20 可知，各项拟合指数的指标值均在合理范围之内，因此，组织支持中介效应研究模型检验的效果较好，不需要再进行模型修正。

表 7-20　组织支持中介效应研究模型检验的拟合指数

拟合指数类型	拟合指数名称	拟合指数值
绝对拟合指数	χ^2/df	1. 779
	GFI	0. 919
	AGFI	0. 929
	RMSEA	0. 027
相对拟合指数	NFI	0. 987
	TLI	0. 906
	CFI	0. 988
信息标准指数	AIC	209. 367
	CAIC	177. 634
	ECVI	0. 719

组织支持中介效应研究模型的检验结果如图 7-2 所示，其中，虚线部分表示未通过检验的研究假设。

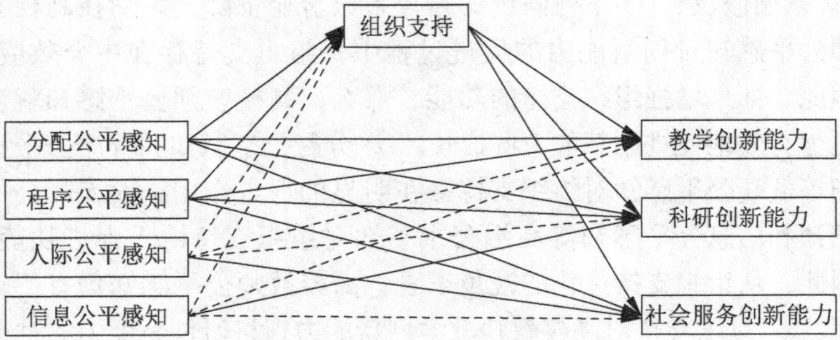

图 7-2　组织支持中介效应研究模型的检验结果

7.4.3　组织认同中介效应研究模型检验

在信度检验和效度检验的基础上，基于 400 份样本数据，利用 SPSS 18.0 软件和 Lisrel 8.7 软件，对组织认同中介效应研究模型进行检验，检验结果如表 7-21 所示。

表 7-21　组织认同中介效应研究模型检验结果

假设	路径	路径系数	*T* 值	检验结果
H1-1	分配公平感知→教学创新能力	0.30	4.61	通过
H1-2	分配公平感知→科研创新能力	0.27	3.88	通过
H1-3	分配公平感知→社会服务创新能力	0.31	2.92	通过
H2-1	程序公平感知→教学创新能力	0.24	8.69	通过
H2-2	程序公平感知→科研创新能力	0.27	3.77	通过
H2-3	程序公平感知→社会服务创新能力	0.38	5.91	通过
H3-1	人际公平感知→教学创新能力	0.13	1.78	未通过
H3-2	人际公平感知→科研创新能力	0.16	1.02	未通过
H3-3	人际公平感知→社会服务创新能力	0.22	2.77	通过
H4-1	信息公平感知→教学创新能力	0.09	1.33	未通过
H4-2	信息公平感知→科研创新能力	0.27	6.40	通过
H4-3	信息公平感知→社会服务创新能力	0.07	1.08	未通过

续表

假设	路径	路径系数	T 值	检验结果
H6-1	分配公平感知→组织认同	0. 36	3. 15	通过
H6-2	程序公平感知→组织认同	0. 12	0. 98	未通过
H6-3	人际公平感知→组织认同	0. 28	2. 71	通过
H6-4	信息公平感知→组织认同	0. 16	1. 82	未通过
H9-1	组织认同→教学创新能力	0. 28	6. 82	通过
H9-2	组织认同→科研创新能力	0. 39	7. 69	通过
H9-3	组织认同→社会服务创新能力	0. 27	2. 62	通过
H10-2	组织认同在公平感知对创新能力驱动中存在中介效应			通过

根据检验结果可知，假设 H3-1、H3-2、H4-1、H4-3、H6-2、H6-4 没有通过检验，而其余假设均通过了检验。分析可知：① 与表 7-17 的基本研究模型检验结果相比，H1 系列假设、H2 系列假设、H3 系列假设的路径系数普遍下降，说明在高校教师公平感知对创新能力的促进过程中，组织认同存在中介效应，因此，如果增强组织认同的功能，那么，高校教师公平感知就会更为有效地促进创新能力的成长。② 高校教师程序公平感知和信息公平感知对组织认同缺乏明显的促进效应，因此，为了提高组织认同的中介功能，需要加强对程序公平感知和信息公平感知的培育。③ 高校教师组织认同存在一定的独立性，对教学创新能力、科研创新能力、社会服务创新能力均产生了现实性的促进作用。

组织认同中介效应研究模型检验的拟合指数见表 7-22，由表 7-22 可知，各项拟合指数的指标值均在合理范围之内，因此，组织认同中介效应研究模型检验的效果较好，不需要再进行模型修正。

表 7-22 组织认同中介效应研究模型检验的拟合指数

拟合指数类型	拟合指数名称	拟合指数值
绝对拟合指数	χ^2/df	1.622
	GFI	0.971
	AGFI	0.900
	RMSEA	0.015
相对拟合指数	NFI	0.933
	TLI	0.946
	CFI	0.910
信息标准指数	AIC	112.276
	CAIC	190.368
	ECVI	0.654

组织认同中介效应研究模型的检验结果如图 7-3 所示，其中，虚线部分表示未通过检验的研究假设。

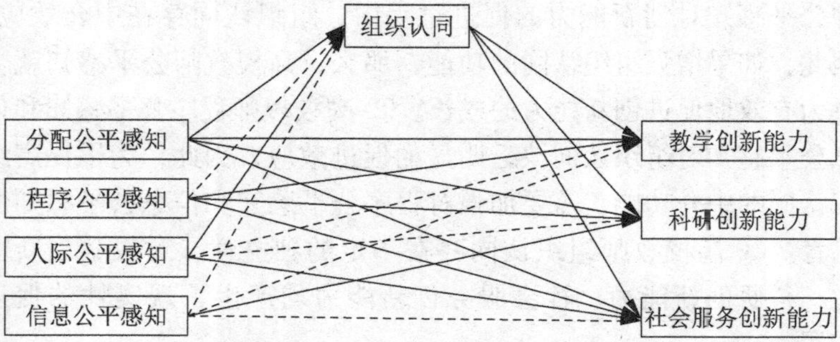

图 7-3 组织认同中介效应研究模型的检验结果

7.4.4 双重链式中介效应研究模型检验

在信度检验和效度检验的基础上，基于 400 份样本数据，利用 SPSS 18.0 软件和 Lisrel 8.7 软件，对双重链式中介效应研究模型进行检验，检验结果如表 7-23 所示。

表 7-23　双重链式中介效应研究模型检验结果

假设	路径	路径系数	*T* 值	检验结果
H1-1	分配公平感知→教学创新能力	0. 27	3. 85	通过
H1-2	分配公平感知→科研创新能力	0. 26	5. 19	通过
H1-3	分配公平感知→社会服务创新能力	0. 30	2. 77	通过
H2-1	程序公平感知→教学创新能力	0. 23	3. 44	通过
H2-2	程序公平感知→科研创新能力	0. 27	8. 62	通过
H2-3	程序公平感知→社会服务创新能力	0. 39	2. 80	通过
H3-1	人际公平感知→教学创新能力	0. 10	1. 11	未通过
H3-2	人际公平感知→科研创新能力	0. 17	1. 89	未通过
H3-3	人际公平感知→社会服务创新能力	0. 25	5. 68	通过
H4-1	信息公平感知→教学创新能力	0. 09	0. 78	未通过
H4-2	信息公平感知→科研创新能力	0. 22	2. 71	通过
H4-3	信息公平感知→社会服务创新能力	0. 07	1. 23	未通过
H5-1	分配公平感知→组织支持	0. 20	3. 41	通过
H5-2	程序公平感知→组织支持	0. 30	7. 88	通过
H5-3	人际公平感知→组织支持	0. 11	1. 02	未通过
H5-4	信息公平感知→组织支持	0. 08	0. 88	未通过
H6-1	分配公平感知→组织认同	0. 33	6. 32	通过
H6-2	程序公平感知→组织认同	0. 15	1. 89	未通过
H6-3	人际公平感知→组织认同	0. 27	2. 91	通过
H6-4	信息公平感知→组织认同	0. 13	1. 35	未通过
H7	组织支持→组织认同	0. 14	1. 28	未通过
H8-1	组织支持→教学创新能力	0. 29	4. 44	通过
H8-2	组织支持→科研创新能力	0. 36	6. 16	通过
H8-3	组织支持→社会服务创新能力	0. 31	5. 07	通过

续表

假设	路径	路径系数	T值	检验结果
H9-1	组织认同→教学创新能力	0.23	3.87	通过
H9-2	组织认同→科研创新能力	0.27	2.98	通过
H9-3	组织认同→社会服务创新能力	0.26	3.00	通过
H10-3	组织支持和组织认同在公平感知对创新能力驱动中存在双重链式中介效应			通过

根据检验结果可知，假设 H3-1、H3-2、H4-1、H4-3、H5-3、H5-4、H6-2、H6-4、H7 没有通过检验。分析可知：① 与表 7-17 的基本研究模型检验结果相比，H1 系列假设、H2 系列假设、H3 系列假设的路径系数普遍下降，说明在高校教师公平感知对创新能力的促进过程中，组织支持和组织认同存在双重中介效应，因此，如果增强组织支持和组织认同的功能，那么，高校教师公平感知就会更为有效地促进创新能力的成长。② 由于假设 H3-1、H3-2 没有通过检验，H8 系列假设和 H9 系列假设全部通过检验，可见，在高校教师人际公平感知对创新能力的驱动过程中，组织支持和组织认同产生双重链式强中介效应。也就是说，高校教师人际公平感知本身对教学创新能力、科研创新能力没有产生驱动作用，而是组织支持和组织认同的强中介效应在发挥作用。③ 高校教师公平感知对组织支持和组织认同的驱动存在不完全效应，有进一步拓展的空间。④ 组织支持对组织认同尚未产生促进作用，说明高校教师的组织行为存在一定的优化空间。⑤ 组织支持和组织认同对创新能力产生了一定的驱动作用，在公平感知的文化氛围下，这种作用可以继续加强。

双重链式中介效应研究模型检验的拟合指数见表 7-24，各项拟合指数的指标值均在合理范围之内，因此，双重链式中介效应研究模型检验的效果较好，不需要再进行模型修正。

表 7-24　双重链式中介效应研究模型检验的拟合指数

拟合指数类型	拟合指数名称	拟合指数值
绝对拟合指数	χ^2/df	1. 339
	GFI	0. 908
	AGFI	0. 911
	RMSEA	0. 043
相对拟合指数	NFI	0. 957
	TLI	0. 960
	CFI	0. 912
信息标准指数	AIC	188. 181
	CAIC	276. 392
	ECVI	0. 882

双重链式中介效应研究模型的检验结果如图 7-4 所示，其中，虚线部分表示未通过检验的研究假设。

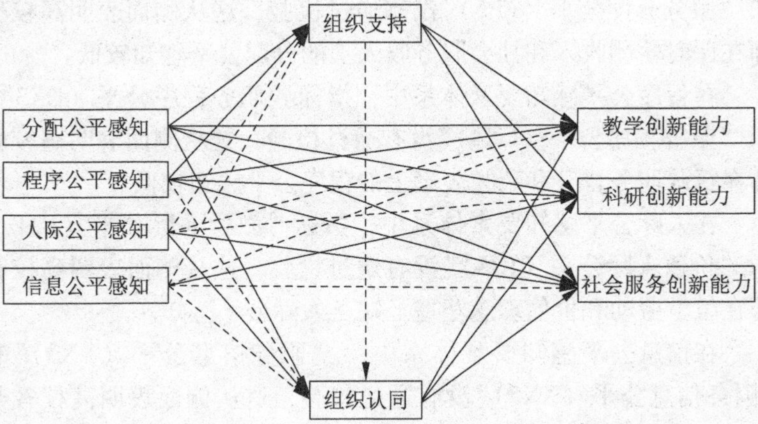

图 7-4　双重链式中介效应研究模型的检验结果

7.5 未通过检验指标和假设的分析

未通过检验指标和假设的分析为高校教师公平感知下创新能力培育路径的提出埋下了伏笔、指明了方向。换言之，高校教师公平感知对创新能力驱动路径的提出，以及公平感知下组织行为对创新能力驱动路径的提出、公平感知下高校教师创新能力自我完善路径的提出，在一定程度上依托于未通过检验指标和假设的分析。

7.5.1 未通过信效度检验指标的分析

从理论意义上来审视，如果指标未通过信效度检验，即未通过因子分析，说明指标与所属要素之间的关联性较差，指标内涵所代表的管理功能尚未得到有效发挥，不足以支撑要素内涵所代表的管理功能的行使。

（1）高校教师公平感知要素中未通过检验指标的分析

在分配公平感知要素体系中，指标“课时分配公平（FP2）”和“服务分配公平（FP5）”没有通过检验，这从侧面表明高校教师在课时薪酬收入和社会服务收入上的分配公平感知较低。

在程序公平感知要素体系中，指标“职务程序公平（CX3）”和“荣誉程序公平（CX4）”没有通过检验，这从侧面表明高校教师在行政职务晋升和荣誉表彰上的程序公平感知较低。

在人际公平感知要素体系中，指标“教学人际公平（RJ1）”和“价值人际公平（RJ5）”没有通过检验，这从侧面表明高校教师在教学劳动和价值理念塑造上缺乏人际公平感知。

在信息公平感知要素体系中，“职务信息公平（XX3）”和“财务信息公平（XX5）”没有通过检验，这从侧面表明高校教师在行政职务晋升和学校财务制度上缺乏信息公平感知。

（2）高校教师组织支持要素中未通过检验指标的分析

在领导支持要素体系中，指标“学校领导支持（LD1）”没有通过检验，总体而言，说明部分高校教师在学校领导层面缺乏领导支持感知。

在组织奖励要素体系中，指标“校内无偏奖励（ZZ4）”没有通过检验，总体而言，说明部分高校教师对学校内部奖励的合理性缺乏信任。

在工作条件要素体系中，指标“工作困难救助（GZ4）”没有通过检验，总体而言，说明部分高校教师认为工作中所遇到的特殊困难未能得到妥善解决。

（3）高校教师组织认同要素中未通过检验指标的分析

在他人认同要素体系中，指标“他人理念认同（TR1）”没有通过检验，说明我国高校教师的价值理念在一定范围内或一定程度上存在差异。高校教师的价值理念存在多样性，这是职业特征之一，但如果价值理念差异超出一定限度，就不利于高校教师整体队伍的建设。

在系（所）认同要素体系中，指标“系（所）目标认同（XS2）”没有通过检验；在学院认同要素体系中，指标“学院目标认同（XY2）”没有通过检验；在学校认同要素体系中，指标“学校目标认同（XI2）”没有通过检验，说明我国部分高校教师的个人努力目标在一定程度上偏离了系（所）、学院、学校的总体发展目标。这种现象虽然不能代表我国高校教师的总体目标态势，但也在一定程度上说明了这种偏离倾向的存在，应该引起我国高校的关注。

在学院认同要素体系中，指标“学院发展认同（XY4）”没有通过检验，说明我国部分高校教师对学院建设缺乏主动参与意识，积极性不高，对学院发展漠然处之，而不是献计献策。

在学校认同要素体系中，指标“学校领导认同（XI1）”没有通过检验，说明我国部分高校教师对校级领导的价值和贡献普遍处于认识模糊状态，不能够清晰地理解校级领导在学校发展中的作用，我国高校在组织沟通方面仍然缺乏流畅性。

（4）高校教师创新能力要素中未通过检验指标的分析

在教学创新能力要素体系中，指标“教学方法创新（JX1）”

和“教学理念创新（JX5）”没有通过检验，说明我国高校教师在教学方法和教学理念方面的创新能力有待提高，相当一部分高校教师墨守成规、因循守旧，不求有功、但求无过。如果这种现象长期存在，将会给我国高校教学改革带来很大的阻力。

在科研创新能力要素体系中，指标“科研设备创新（KY2）”和“科研国际创新（KY4）”没有通过检验，说明在我国高校教师的科研活动中，一些科研设备的利用效率不高，长期处于闲置状态，科研设备的功能没有被充分发挥，对科研创新的驱动还存在较大的潜力。同时，在一些学科中，高校教师的国际化科研能力有待拓展，国际化视野有待开阔。

在社会服务创新能力要素体系中，指标“社会需求创新（SF3）”和“社会国际创新（SF4）”没有通过检验，说明我国部分高校教师在社会服务活动中缺乏一定的经验，互惠性意识不足，未能设身处地地为企业或其他社会机构着想，导致社会服务活动不能持久，或者缺乏规模效应。同时，我国一些高校教师的国际化服务能力跟不上我国国际合作不断发展、国际影响力日益增强的步伐。

7.5.2 未通过检验假设的分析

从理论意义上来审视，如果研究假设没有通过检验，说明两个要素之间所代表的管理功能缺乏关联性，即预期中的激励、驱动、促进功能尚未实现，需要进行管理方面的改进、优化和完善。

（1）基本研究模型中未通过检验假设的分析

由假设 H3-1、H4-1、H4-3 没有通过检验可知，高校教师人际公平感知对教学创新能力缺乏促进作用，信息公平感知对教学创新能力和社会服务创新能力缺乏促进作用。由此可见：① 我国高校教师公平感知对创新能力的驱动效应呈现不均衡状态，分配公平感知和程序公平感知的驱动效应最强，人际公平感知次之，信息公平感知最弱；② 从高校教师创新能力成长的视角来看，公平感知对科研创新能力的驱动效应最强，对社会服务创新能力的驱动效应次之，对教学创新能力的驱动效应最弱；③ 从我国高校教育改革的视角来看，在公平感知的驱动下，高校教师的教学创新能力还存在较大的成长空间。

可见，为了进一步增强高校教师的创新能力，需要提升高校教师的人际公平感知和信息公平感知，通过人际公平感知和信息公平感知的提升来增强高校教师的教学创新能力和社会服务创新能力，进而增强高校教师的整体创新能力。公平感知作为公平激励的渠道，对高校教师创新能力存在直接的驱动作用。当前，我国高校在公平激励管理中，对分配公平和程序公平较为注重，驾驭较为熟练，分配公平能够通过经济回报的合理性影响高校教师的敬业行为，程序公平能够通过经济和心理的双重回报影响高校教师的敬业行为，在高校教师创新能力驱动和维系中发挥了重要的作用；但高校对于人际公平和信息公平的引导却不多。在我国高校管理改革中，这些行为和现象需要引起高校管理者高度重视。

（2）组织支持中介效应研究模型中未通过检验假设的分析

由假设 H3-1、H3-2、H4-1、H4-3、H5-3、H5-4 没有通过检验可知：① 高校教师公平感知对创新能力和组织支持的促进功能尚未得到充分发挥；② 对于组织支持的促进而言，人际公平感知和信息公平感知处于功能缺失状态，因而需要加大对它们培育的力度。

可见，我国高校在公平激励管理中，可以通过对组织支持的促进来增强高校教师的创新能力。高校教师的公平感知越高，组织支持感就越高，创新意愿就越大。不过，人际公平感知和信息公平感知对组织支持的激励功能尚未得到有效发挥，仍蕴含着较大的潜力。如果提升了高校教师的人际公平感知和信息公平感知，那么就可以有效提高高校教师的组织支持感，进而使高校教师的教学创新能力、科研创新能力、社会服务创新能力跃上一个新的台阶。在高校的公平激励管理中，如果公平激励无法直接驱动高校教师的创新能力，可以借助于组织支持的桥梁作用。当然，在我国高校管理改革中，如何激活人际公平感知和信息公平感知对组织支持的促进作用，是一个值得思考的重要问题。

（3）组织认同中介效应研究模型中未通过检验假设的分析

由假设H3-1、H3-2、H4-1、H4-3、H6-2、H6-4没有通过检验可知：① 在高校教师公平感知对创新能力的驱动过程中，组织认同的中介效应功能尚未得到充分发挥；② 如果充分发挥程序公平感知和信息公平感知对组织认同的驱动作用，则高校教师的组织认同将会提升，进而增强高校教师的创新能力。

可见，在高校教师公平感知对创新能力的驱动过程中，组织认同具有重要的桥梁作用，然而，公平感知对组织认同的促进功能还存在较为明显的欠缺，即程序公平感知和信息公平感知的潜能尚未发挥出来。如果提升了高校教师的程序公平感知和信息公平感知，就可以提升高校教师的组织认同，继而加大对高校教师教学创新能力、科研创新能力、社会服务创新能力的驱动力度。同样，如何发挥程序公平感知和信息公平感知对组织认同的促进作用，也是我国高校管理改革所要解决的一个问题。

（4）双重链式中介效应研究模型中未通过检验假设的分析

由假设H3-1、H3-2、H4-1、H4-3、H5-3、H5-4、H6-2、H6-4、H7没有通过检验可知：① 我国高校可以继续优化高校教师的组织行为，重点是组织支持和组织认同，为高校教师公平感知对创新能力的驱动创造有利的条件；② 高校教师公平感知对创新能力的驱动功能尚未得到充分发挥，需要有针对性地推进，重点是提升人际公平感知和信息公平感知的功能；③ 如果激活并发挥组织支持对组织认同的促进功能，则会为高校教师公平感知对创新能力驱动功能的发挥创造更为良好的条件；④ 在高校教师公平感知培育下，教学创新能力、科研创新能力、社会服务创新能力均存在自我强化的空间。

可见，我国高校公平激励的实施还有漫长的推进之路要走。当前，仅有分配公平的激励功能得到有效发挥，而程序公平、信息公平、人际公平的激励功能仅得到部分发挥。在高校教师公平感知的激励过程中，高校要重视组织行为的传导作用，将组织支持和组织认同当作“桥梁”，以间接驱动高校教师创新能力的成长。因此，不仅要重视高校教师公平感知对创新能力的直接驱动效应，也要重视组织支持和组织认同对创新能力的间接驱动效应，在制度变革中将公平感知的培育置于管理流程的各个环节，使公平激励的潜力得到最大程度的发挥。

7.6　本章小结

本章基于我国高校教师的样本数据，利用 SPSS 18.0 软件和 Lisrel 8.7 软件，对我国高校教师公平感知对创新能力驱动的系列研究模型进行了实证检验，包括要素的 KMO 检验、Bartlett’s 球形检验、信度检验、效度检验，以及基本研究模型检验、中介效应研究模型检验等，并对未通过检验的指标和假设进行了分析，从而为高校教师公平感知培育策略的提出提供了支撑和依据。

第8章　我国高校教师公平感知对创新能力的驱动对策

高校教师公平感知对创新能力的驱动对策在广义上包含三类：一是高校教师公平感知对创新能力的直接驱动对策；二是高校教师公平感知下组织行为对创新能力的驱动对策；三是高校教师公平感知下创新能力的自我完善对策。在理论与实践相结合思想的指导下，这些驱动对策的提出源于对如下几个方面的综合分析：一是基本研究模型和中介效应研究模型检验的结果；二是因子分析的结果；三是笔者在学习、实践、社会调查中所积累的对高校教师公平感知、组织行为、创新能力方面的感性认知。其中，未通过检验指标的分析和未通过检验假设的分析是重要的参考依据。

8.1　高校教师公平感知对创新能力的直接驱动对策

公平感知是创新能力的动力源之一，因此，高校教师公平感知的培育过程就是创新能力的成长过程。

8.1.1　高校教师分配公平感知对创新能力的直接驱动对策

高校教师分配公平感知虽然已经在创新能力驱动、组织支持和组织认同优化中发挥了重要的作用，但还存在深化的空间，尤其是在课时薪酬收入、社会服务收入调节方面，还可以进一步完善。分配公平强调的是对资源分配结果的控制，因此，如何在资源有限的状况下保障高校发展，是大学治理的一个重要议题。

第一，适当提高我国高校教师的课时薪酬，进而提高教师分配公平感知，最终增强高校教师的创新能力。

我国高校教师对收入分配很少出现过度奢望，然而，高校课时薪酬普遍偏低的现状在一定程度上削弱了高校教师的分配公平感知。许多高校对此进行了一些改革，但效果并不明显。本书认为，首先，有条件的高校应适当提高教师的课时收入，激发高校教师授课的动力，确保高校教师一定的教学时间投入和教学精力投入。其次，引导高校教师对课时薪酬进行合理计算，不要只看到直接薪酬，也要看到间接薪酬。再其次，对高校教师对课时薪酬的不满情绪进行安抚并及时向教师进行必要的解释，号召高校教师适当提高全局意识、顾全大局。最后，控制个别高校的课时薪酬的过快增长，在高校系统中努力维持平衡的局面，以体现出社会主义的公平价值。

第二，我国高校应重视高校教师社会服务收入上的差距对分配公平感知所带来的负面影响，减少社会服务收入差距对公平感知的冲击。

高校教师公平感知的提升是我国高校管理改革一个值得关注的方向，公平感知触发的原因千差万别，不能一概而论。当前，我国高校鼓励教师走向社会，充分发挥自己的聪明才智，为社会创造价值。在这种情况下，不可避免地会出现高校教师在社会服务方面获取的收入有差距，因此，高校要注重对这类不公平感知进行疏导。首先，对高校教师的社会服务行为进行规范化管理，制止不当收入，杜绝体制外循环，使社会服务收入合情、合理、合法。其次，积极为高校教师的社会服务活动创造条件，构建信息交流平台，尤其要加大对部分期望参与社会服务但进展缓慢的高校教师的引导。最后，鼓励在社会服务方面经验丰富的高校教师对经验不足的高校教师的“传帮带”，促进他们共同进步，进而减小经验不足的高校教师的心理落差。

8.1.2　高校教师程序公平感知对创新能力的直接驱动对策

高校教师程序公平感知已经对创新能力的发展产生了一定的驱动作用，但仍存在拓展的空间，尤其是在职务晋升程序公平感知和荣誉授予程序公平感知方面，值得进一步深化。

第一，优化高校的职务晋升选拔制度，提高高校教师的职务晋升公平感知，进而增强高校教师的创新能力。

职务晋升是高校管理工作中一项重要内容，职务晋升制度的制定及实施对高校教师所产生的影响不可低估。如果引起的疑虑偏多，不仅会削弱高校教师的职务晋升公平感知，也会连带性地削弱其他公平感知。当前，我国部分高校教师的职务晋升公平感知并不高，需要引起重视并采取相应措施。首先，要坚决杜绝官僚主义思想，树立为人民服务的意识，将职务晋升转换为勇于担当、尽心尽责、开拓创新的服务理念，而不是作为谋求职称、科研项目等的条件或者炫耀的资本。其次，提高职务晋升竞争全过程的透明度，摒弃任人唯亲的腐朽思想，真正落实任人唯贤，让高校教师心服口服。再其次，改变当前部分高校领导“能上不能下”的陋习，在职务聘用上加大自由竞争、职能部门与学院轮岗的力度，能者居上、勤者居上，避免让平庸之辈长期占据要职。最后，加强高校教师对高校各级领导的监督，扩展高校教师监督的范围，在领导的职务任命和续聘上倾听广大教师的意见。

第二，完善高校的各种荣誉授予制度，让高校教师知晓每个环节的评比依据和流程，为创新能力培育的深化创造有利条件。

高校教师是一个特殊的群体，具有强烈的社会责任感，荣誉意识较强，对荣誉的需求甚至胜过对物质的需求。由于各种不良因素的影响，我国部分高校的荣誉授予存在一定程度的信息不透明现象，部分教师只知道荣誉授予的结果，并不清楚来龙去脉，无从参与竞争，久而久之，形成一种被动性的荣誉申报惰性思维模式，这削弱了高校教师的程序公平感知，不利于创新能力培育的深化。首先，高校要向广大教师公开说明荣誉授予的条件、范围、流程，让高校教师对自己的资格或自己与评选条件的差距心知肚明。其次，高校的荣誉授予要尽量照顾一线教师，适当减少领导干部的荣誉授予量。再其次，注重荣誉授予的权威性，减少荣誉授予的随意性，注重公开的仪式感。最后，减少部分高校

"学缘近亲"关系对荣誉授予公平性的影响，避免外来教师群体产生被排斥的心理感受。

8.1.3　高校教师人际公平感知对创新能力的直接驱动对策

相对于分配公平感知和程序公平感知而言，高校教师的人际公平感知偏低。就我国当前的高等教育环境而言，高校教师人际公平感知的培育应率先在尊重教学成果和核心价值观引导等方面突破。

第一，提高对高校教师教学成果的重视程度，调节高校教师在教学上的心理失衡。

开展教学活动是我国高校的一项根本任务，是高校教师工作的主体，然而，我国许多高校存在"重科研、轻教学"现象，严重挫伤了高校教师教学投入的积极性。显然，这种现象亟待改变，否则将会使我国高校的发展偏离预期目标。首先，向高校教师宣传教学活动的价值和意义，鼓励高校教师加大对教学工作的时间投入和精力投入。其次，对科研能力较弱、教学能力较强的高校教师，要善于引导，在职称评定上予以认定，鼓励其在科研和教学上达到最佳平衡。再其次，加大对教学成果的奖励力度，鼓励高校教师在教学上多出成果，通过教学竞赛、教学名师评选等激发高校教师的教学热情。最后，引导和鼓励高校教师在教学活动上相互借鉴和学习，揣摩他人的教学技能、吸收他人的教学经验，不断提升自己的教学水平。

第二，加强对高校教师价值观的引导或疏导，保持高校教师价值观的领先性、阳光性和革命性。

高校教师是一个特殊的群体，不仅具有自己的价值倾向，而且对价值观十分敏感。当高校教师的价值观与社会主流价值观相一致时，就会产生强大的创新动力；反之，当高校教师的价值观与社会主流价值观相悖时，高校教师就会缺少探索创新的积极性。当前，少部分高校教师的价值观需要有针对性地对其进行引导和疏导。首先，高校各级组织要重视对高校教师尤其是非党员高校教师价值观的引导，深刻认识到价值观在高校教师创新能力培育中的潜在价值。其次，各高校要高度重视高校教师的优良师德师风建设，从制度约束转向活动引领，积极推行爱国主义教育，使高校教师能够自觉抵御不正之风的侵袭，端正思想态度。最后，高校各级领导要加强学习政治理论和业务知识，修炼自己的素养和水平，做好广大教师价值观培育的引路人。

8.1.4 高校教师信息公平感知对创新能力的直接驱动对策

相比于分配公平感知、程序公平感知而言，高校教师的信息公平感知较低。在当前的高等教育环境下，需要优先培育高校教师在职务晋升和财务经费支出方面的信息公平感知。

第一，大力推行公开、公平、公正的高校教师职务晋升制度，进而提高高校教师在职务晋升方面的信息公平感知。

由于干部候选人的信息及推荐理由披露不足，部分教师认为高校的职务晋升存在不公正现象，受到裙带关系、学术团队利益关系等不良风气的干扰。这种误解或少量不公正职务竞争现象的存在会在无形中降低高校教师的信息公平感知，进而削弱高校教师的创新能力培育，尤其是教学创新能力和社会服务创新能力，因此需要采取一些措施加以改善。首先，在职务晋升方面继续推行更大范围的信息公开化，在每一个环节都将候选人的各类相关信息包括推荐原因公之于众，发挥群众监督的作用。其次，继续完善职务晋升的公开竞聘制度，使干部选拔更加公平公正。最后，加强与高校教师的沟通，对教师不理解和不明晰之处进行专门的解释说明。虽然我国少部分高校在职务晋升上存在全过程信息披露不足现象，但并没有像一些教师所想象的那么严重，因而需要与教师进行理性交流，纠正教师的心理偏差。

第二，重视高校各级经费支出的财务公开，提高经费支出的透明度，增进高校教师对所在学校、学院、系（所）的信任。

随着我国高等教育改革的深入，高校教师的视野越来越开阔、思维越来越活跃，对学校管理优化的期待也越来越大。尽管我国部分高校在一定程度上做到了财务公开，但还不能有效满足高校教师在行使监督权方面的需求，财务公开制度有待进一步改进。首先，在学校层面合理地公开经费支出，不应认为只有校级领导有知悉学校战略性财务决策的权利，而应让广大教师也有知悉权。其次，在学院层面不仅要合理地公开经费支出，也要积极争取广大教师对经费使用的意见，学院领导不能独断专行，要在民主机制下充分发挥科研经费、教学经费的作用。再其次，在系（所）层面深入推进财务公开制度，要充分倾听系（所）教师的建议。在经费使用上系（所）领导要主动邀请全部成员参与讨论，制定最佳支出方案。最后，在财务制度、内审制度、稽核制度约束下不宜进行财务公开的信息，要向广大教师说明理由，取得广大教师的理解。

8.2　高校教师公平感知下组织行为对创新能力的驱动对策

根据中介效应模型的检验结果可知，在高校教师公平感知对创新能力的驱动过程中，组织支持和组织认同不仅产生了独立的中介效应，也产生了双重链式中介效应。在公平感知培育的过程中，如果加大对组织支持和组织认同的开发，那么它们的中介效应会愈加显著，高校教师的创新能力就会随之增强。

8.2.1　高校教师公平感知下组织支持对创新能力的驱动对策

高校教师组织支持的优化，一方面来自公平感知的驱动，另一方面来自高校组织自身的完善。组织支持越强，高校教师的创新能力就越强。高校管理者应当了解自己的行为和决策活动如何影响教师的态度和行为，组织支持是高校良好管理行为的结果，为高校教师带来了正向的反馈和激励。

第一，改进高校教师的公平感知，尤其是人际公平感知和信息公平感知，以提高组织支持。

高校教师的公平感知对组织支持产生了一定程度的驱动作用，但这种驱动作用尚未充分发挥，尤其是人际公平感知和信息公平感知对组织支持的驱动处于功能缺失状态，因而要重视公平感知的深化对组织支持的驱动。首先，提高学校各级领导对高校教师教学贡献的重视程度，通过教学关爱使教师感受到组织支持。尤其是学院领导，不要一味强调科研建设，也要兼顾教学。其次，重视对高校教师价值观的引导，使高校教师个人的奋斗目标尽可能地与系（所）、学院、学校的发展目标相一致，从而增强高校教师的组织认同。再其次，重视职务晋升方面的全过程信息公开，使高校教师感受到来自学校层面的尊重。尽管只有部分高校教师参与职务竞争，但公开的竞争氛围可以为高校教师带来安全感，这是组织支持的前提之一。最后，经费等财务信息公平是高校现代化建设的利器之一，而高校现代化是组织支持的一个重要前因。我国部分高校的财务信息透明度有待提高，否则不利于民主进程的推进和组织支持的提高。

第二，增加校级领导对广大教师的关注、关怀和关爱，进而提高高校教师的领导支持感。

领导对教师关怀，是我国当前教育环境下的一种常规管理方式，常被用来拉近领导与教师之间的心理距离，并使教师感受到来自领导层的尊重。但是，由于关怀方式陈旧，以及情感交流经验缺乏等因素的阻碍，整体而言，我国高校教师在此方面的体验并不明显，尤其对来自校级领导的关怀的体验较弱。为了更好地深化高等教育体制改革，校级领导对教师的关怀需要加强。首先，校级领导要将自己视为肩负更重的党政事业发展责任的普通教师。其次，改变校级领导与广大教师交流互动的传统方式，重视生动、灵活、务实的交流，减少程序性仪式类活动，杜绝做表面文章。再其次，校级领导要注重对重点教师的关怀，做好典型关怀工作，进而产生正面引导的“蝴蝶效应”。最后，校级领导要设身处地地为广大教师的切身利益着想，充分发扬公仆精神，为教师职业发展和学校事业发展做出应有的贡献。

第三，完善我国高等教育管理中的奖励制度，提高高校教师校外奖励的公平感知，进一步强化组织支持。

当前，奖励制度已经成为高校管理工作的核心内容之一，由于奖励制度与考核业绩直接挂钩，因此高校教师对此较为关注。然而，少部分奖励在组织实施时，出现了一些创租、寻租等机会主义行为，损害了这类奖励的权威性和公正性，也间接挫伤了高校教师的组织支持感知。这些不良现象虽然不具有普遍性，但在小范围内也的确存在，其所带来的负面影响应引起警觉。首先，高校要高度重视部分高校教师对外部奖励的公正性存疑的问题。高校教师对外部奖励的公正性存疑说明高校管理中仍然存在着亟待解决的问题，应积极向政府管理机构谏言，引起政府部门和教育界的重视。其次，由于校外奖励存在较多的不可控因素和不透明因素，因此，高校应适当降低校外奖励在校内考核中的权重系数。再其次，因为许多校外奖励的评委是高校教师，所以要求高校教师要以身作则，在校外奖励评审中要秉公评审，不能徇私舞弊。最后，加强对高校教师不满情绪的疏导，向他们说明徇私舞弊行为是极少数事件，绝大多数校外奖励评审是公平、公正的，不能“只见树木、不见森林”。

8.2.2　高校教师公平感知下组织认同对创新能力的驱动对策

高校教师组织认同的培育，一方面来自公平感知的驱动，另一方面来自组织认同的自我强化。在高校教师公平感知下，组织认同越强，创新能力就越强。当教师在高校中感受到组织认同时，会增进教师对高校的信任、增加良性互动，能够使高校减少管理冲突、节约管理成本。这不仅会提升高校教师的个人工作绩效，也会提升高校的整体效能。

第一，继续发挥高校教师公平感知对组织认同的驱动作用，尤其是挖掘程序公平感知和信息公平感知对组织认同驱动的潜力。

高校教师的公平感知已经对组织认同产生了一定程度的驱动作用，但还可以继续深化和拓展。公平感知向组织认同的转化存在多种途径，但对于我国高校而言，需要重点关注以下几个方面。首先，继续完善体现程序公平的职务晋升制度，向高校教师清楚地阐释职务晋升的进程、环节、标准等，让广大教师坦然接受晋升结果。虽然职务晋升只与部分教师有直接关联，但是哪怕出现一例不公平的职务或者备受质疑的职务晋升事件，都会在全体教师中造成恶劣的影响，在挫伤了高校教师程序公平感知的同时更挫伤了高校教师组织认同。其次，警惕荣誉授予过程中的不公正现象对组织认同的影响。如果高校教师认为各种荣誉仅是围绕着一小部分人轮番授予，则高校教师的组织认同会明显减弱。再其次，关注财务信息公开对组织认同的影响，继续扩大财务信息公开的范围。我国高校现代化建设正在持续推进，而财务信息公开是现代化建设的一个重要环节。最后，继续深化分配公平感知和人际公平感知对高校教师组织认同的驱动作用。

第二，发挥高校组织支持对组织认同的驱动功能，使组织支持和组织认同产生同步效应。

组织支持和组织认同是组织行为的两种主要模式，两者虽然内涵不同，但存在内在的联系。在成熟的组织行为环境下，组织支持可以对组织认同产生稳定的促进作用，为组织认同源源不断地提供能量。然而，在我国当前的高等教育管理环境下，组织支持对组织认同的促进作用尚未充分显现，说明我国高校的组织行为环境尚不柔和，需引起高校管理层的重视。首先，进一步提高高校教师的组织公平感知，只有教师认为所在的组织具有公平正义的特征，才能产生认同的心理。其次，增强校级领导对教师的关注和关心，使组织支持上升到一个新的台阶，进而使组织认同进入一个新的境界。再其次，高校要尽量提高各类奖励的公开、公正、公平性，不要利用权力来干涉奖励标准和规则的制定。最后，高校要注意改善高校教师的工作条件，充分合理地利用各种资金，逐步优化高校教师的工作环境。

第三，合理消解高校教师之间的价值理念冲突，使之转化为教学能力创新、科研能力创新、社会服务能力创新的现实动力。

从整体来说，我国高校教师之间充满了友情，能够相互关爱、宽容、支持，共同完成工作任务，但是，高校教师之间也存在不同的价值理念，这需要引起高校管理层的关注和深思。高校教师是一个思维活跃的群体，各种理念百花齐放，这也为创新驱动创造了良好的文化氛围。因此，冲突的价值理念并不能被简单定性为“好”或“坏”，“好”或“坏”取决于如何认识、理解这些价值理念。首先，要加强社会主义核心价值观的引导，使高校教师的价值理念围绕社会主义核心价值观而展开，不能偏离社会主义核心价值观的要求，这是新时代我国高校每一位教师应具备的最基本的政治素养。其次，合理组织高校教师就价值理念进行交流，使高校教师畅所欲言，促进思想认同，减少思想分歧。最后，不断改进和完善思想教育工作的方式，充分发挥其对高校教师价值理念的凝聚作用。

第四，善于引导高校教师，使其个人发展目标与学校、学院、系（所）的发展目标相一致，从而最大程度地发挥高校教师的价值和作用。

在不同价值理念的支配下，高校教师的个人发展目标千差万别，存在着较大的差异。众所周知，只有当高校教师的个人发展目标与学校、学院、系（所）的发展目标相一致时，才能最大限度地发挥高校教师的个人才能，也才能有效地促进高校各级组织的发展。然而，事实上，我国一些高校教师的个人发展目标偏离了学校、学院、系（所）的发展目标，在一定程度上造成高校知识资本的内耗，这种不利状况亟待改变。首先，学校要明确树立自己的战略发展目标，通过学院发展目标和系（所）发展目标的传导作用实现对高校教师个人发展目标的引导。其次，在学校战略发展目标的指引下，学院也应明确自己的战略发展目标，并通过系（所）发展目标的传导作用实现对高校教师个人发展目标的引导。再其次，在学校和学院两级战略发展目标的引导下，系（所）可以组织高校教师展开对个人发展目标的集体讨论，以便使高校教师的个人发展目标与系（所）的发展目标相一致。

第五，加强学院民主管理，鼓励高校教师为学院的发展积极谏言，进而提高高校教师的组织认同。

我国一些高校教师在本职工作上任劳任怨、克己奉公，但是对学院的发展往往持退避、推却的态度，这种现象既不利于学院的发展，也不利于高校教师的自我成长。高校教师的内心往往存在着积极谏言的“冲动”，但一触碰到外部环境，又容易“偃旗息鼓”。产生这种现象的原因有很多，涉及管理、社会、文化等方面。因此，高校在学院层面要重视这种现象的存在及危害，积极寻找突破对策。首先，要反对官僚主义思想，加强学院管理中的民主建设，重视教授委员会制度、学科带头人制度、教职工代表大会制度等的建设。其次，要积极探索和优化高校教师参与学院管理的新方式，赋予高校教师充分的发言权。当前，高校教师参与学院管理的方式较多，但多流于形式，并没有实质性的效果。再其次，学院领导要积极倾听骨干教师的意见，宽容对待骨干教师的白璧微瑕。一些学院领导并非专业教师，或者对业务管理方面的认识并不深入，因而更要虚心听取骨干教师的意见，对他们在阐述时在表述方式、综合情况等方面可能存在的偏差持包容态度。最后，要充分发挥党员教师的模范带头作用，使他们不计私利、不惧权势、不拘一格地为学院发展谏言，为学院的民主建设和管理改革尽心尽责。

8.3 高校教师公平感知下创新能力的自我完善对策

高校教师创新能力的开发存在多种驱动策略，不只包括公平感知培育和组织行为优化。不过，公平感知培育和组织行为优化不仅直接驱动创新能力的成长，也为创新能力的自我成长创造了有利条件。因此，在公平感知下，高校教师的创新能力仍然可以并需要自我完善。

8.3.1 公平感知下高校教师教学创新能力的自我完善对策

教学能力是我国高校教师的基本能力，高校教师都具有一定的教学能力，然而，高校教师的教学创新能力却普遍不足。也就是说，许多高校教师在教学上安于现状、墨守成规，缺乏变革、突破和自我超越。

第一，鼓励高校教师进行教学方式的创新，以满足不断发展的教学需求。

教学方式创新是高校管理的重要目标之一，在我国高校备受重视，然而却收效甚微，缺乏实质性的突破。在公平感知下，教学方式创新的激励需要独辟蹊径、不拘一格。首先，高校教学方式创新的激励要从本校的实际情况出发，制定合理、务实、渐进的激励制度，切忌盲目模仿和跟风，更不要无原则地套用西方的教学模式。其次，大力提高高校教师的社会实践能力或者社会服务能力，通过社会服务能力的提升来“反哺”教学能力，促进教学方式创新。我国相当一部分的高校教师社会服务能力较弱，对教学方式创新无从着手。再其次，加强教师与学生之间的互动，为教学方式创新寻找灵感。事实上，许多高校教师习惯于照本宣科、平铺直叙，毫无互动思维。最后，激发高校教师内心的激情，为教学方式创新提供“助燃剂”。

第二，高校教师需自觉加强教学理念创新，带动教学创新的整体升级。

在高校教师的教学创新中，教学理念创新至关重要，它是其他各类教学创新的灵魂，然而，我国高校教师在教学理念创新上普遍较为薄弱，阻碍了其他各类教学创新的升级。教学理念创新的难度往往大于其他各类教学创新，需要系统性地开发和推进。首先，高校教师要加强自己的人文素养修炼，将心智模式提升到一个更高的境界，深刻认识教学活动的精髓。这种修炼并不限于文科教师，也包括理工科教师。甚至，理工科教师的人文素养修炼更为重要，可以产生意想不到的效果。其次，积极吸收发达国家高校的先进教学理念，将其转化为适合我国教育环境的教学理念，从而引领整体性的教学变革。制度和体制的差异不影响教学理念的交流，教学理念反而更需要交融互鉴。再其次，高校教师需要多参与社会实践活动，理解经济和社会发展的实际需求，将教学与社会需求相结合，从而升华自己的教学认知，创新自己的教学理念。最后，高校、学院、系（所）要重视对教师教学理念创新的引导，积极创造交流条件，为高校教师深度探讨教学理念构建有效平台，从而全方位开发高校教师教学理念创新的潜力。

8.3.2　公平感知下高校教师科研创新能力的自我完善对策

在公平感知下，高校教师科研创新能力的成长不仅受到公平感知的驱动，也存在着自我完善对策，主要包括提高科研设备利用率和培育国际化科研能力等。

第一，高校要充分发挥科研设备的功能，提高科研设备的利用率。

随着我国高等教育改革的深入，高校购买科研设备的资金投入不断增大，积累了一定量的科技固定资产。然而，不少科研设备并没有得到充分利用，甚至存在闲置和浪费现象，因此，科研设备利用创新应尽快提上高校管理改革的日程。首先，在购置科研设备前，高校应进行深入的需求分析，切忌盲目购置，更要避免突击性购置的资金支出，以免浪费国家的科研资金。其次，建立科研设备利用率评估制度，对科研设备的利用率进行不定期评估，进而对利用效率不高的设备进行处理。再其次，建立高校科研设备共享平台，提高科研设备的周转率，进而提高科研设备的利用率。最后，引导高校教师加强对现有科研设备的利用，发挥主人翁意识，不要动辄申请购置新设备，最大限度地为国家节约科研资金。

第二，高校教师继续提升国际化科研创新能力，拓宽国际视野。

国际化科研创新是我国高校国际化发展的一个重要方向，是国际化教学创新的延伸和深化。我国高校的国际化科研创新活动要早于国际化教学创新活动，然而，时至今日，高校教师国际化科研创新的成效并未得到广泛认同，因此必须尽快扭转这种不利局面，以免造成科技资源的无端浪费。首先，在国际科研活动中，摒弃盲目崇外的心理，不要随意将西方的科研标准作为自己的风向标。在某些学科范围内，西方的科研标准是合理的；但在某些学科，西方的科研标准并不一定适合我国的情况，因而要具体问题具体分析。其次，提高高校教师国际化学术交流的有效性，制定严格的考核标准，避免国际交流科研资金的浪费。一些教师出国交流学习纯粹是为了应付职称申报或项目资金评估要求，学习成效微乎其微，部分出国访学一年的教师甚至连基本的英文交流能力都没有得到提升。再其次，善于分析和研判西方优势学科和优势专业的发展方向，然后全力以赴、迎头赶上，而不是停留于模仿阶段，亦步亦趋。最后，在高校各项考评制度中，减少外文成果的分量，增加中文成果的比例，将高校教师的国际化活动规模和强度控制在最佳点，即使投入产出比最大，而不是投入最大，因为并不是投入资金越多越好，而是要考虑最终效果。

8.3.3　公平感知下高校教师社会服务创新能力的自我完善对策

高校教师社会服务能力的成长，不仅来自公平感知的驱动，也来自自我完善，自我完善对策主要包括培养高校教师在社会服务中的换位思维、注重国际化社会服务能力的开发等。

第一，在社会服务中，高校应注重培养高校教师的换位思维，使高校教师设身处地地为所服务的组织或机构考虑。

我国高校教师有一定的理性偏好，在社会服务中也会受到理性偏好的支配，这也无可厚非。所谓理性偏好，即个人参加社会活动的目的是最大程度地获取自己的利益，这是“理性经济人”的基本思想。然而，如果理性偏好超出一定的限度，就会适得其反。因此，在社会服务过程中，高校教师要具有换位思维，多从对方的利益出发、多为对方的利益着想，不要一味只考虑自己的利益。首先，高校相关管理部门要善于引导和培养高校教师的换位思维，引导高校教师在合作中权衡双方的利弊，从大局出发、高瞻远瞩。其次，高校教师在社会服务中要树立互惠性合作思想，不仅要考虑自己的利益，也要考虑合作方的利益，不能被狭隘的理性偏好意识所支配。再其次，高校教师要注重与合作方建立长期稳定的合作关系，在双方的长期合作中建立信任，达到更高境界的互惠互利。最后，高校教师在社会服务中要注重解决合作方的关键技术问题，而不是拘泥于一般性问题。社会组织或机构对高校教师的参与需求，实质上就是对关键技术的需求，而不是对普通事务处理的需求，高校教师需明白这一点。

第二，注重培养高校教师的国际化社会服务能力，进而提升其国际化素养。

经济全球化是世界发展主流，国际合作与交流是每个国家都非常重视的领域。我国国际地位不断攀升，在世界舞台的影响力迅速提升。在“一带一路”倡议的实施过程中，我国高校的国际化发展也如火如荼地展开，对我国高校教师的国际化能力也提出了更高的要求。近年来，我国高校教师的国际化教学能力有了一定程度提升，国际化科研能力也在稳步提升之中，但国际化社会服务能力仍然较为欠缺，因而应作为国际化创新的重点方向。首先，要有针对性地对高校教师的国际化社会服务能力进行培训。由于历史和语言等原因，我国高校教师普遍欠缺国际交流与合作的经验和能力，在参与国际项目时往往力不从心，不能充分发挥自己的潜力，因此，高校要根据优势学科特征与国际化需求的方向，对本校教师的国际化社会服务能力进行培训。其次，我国高校教师需要更多了解国家大政方针，以使自身国际化社会服务能力的发展方向与国家的国际化战略发展目标如“一带一路”建设等相一致。再其次，高校教师要善于构建自己的国际化社会服务平台。每个教师的专业、经验、思维模式不同，因而需要创造一种合作环境，促使自己能力的充分发挥。这种国际化社会服务平台如同国内社会服务平台，主要靠教师有意识地提升国际交流与合作能力来打造。最后，在国际化服务过程中，高校教师应具有开阔的胸怀、高远的视野、优良的师德，同时还要坚定中国特色社会主义道路自信、理论自信、制度自信、文化自信，这些都是国际化服务能力提升的要素。

第 9 章　结论

本书基于一定的研究目标，在实证检验的基础上，对我国高校教师创新能力的驱动对策进行归纳，得到如下基本结论：

第一，当我国高校应将高校教师公平感知的培育作为创新能力驱动的一条重要渠道。高校教师创新能力的驱动存在着多种渠道，但在当前的教育管理环境下，高校教师公平感知的培育至关重要，应作为高校管理改革的重点方向。高校教师是一个特殊的群体，对公平感知存在着天然的追求，较其他群体更为强烈。尽管我国高校教师具有一定程度的公平感知，但还远远不够，在发挥创新能力驱动作用方面仍存在着较大的拓展空间。高校教师公平感知的培育需要同时兼顾分配公平、程序公平、人际公平和信息公平，并在实施过程中注意分清重点。高校教师公平感知的培育应该作为我国高等教育改革的一个战略目标，不仅要体现于各项文件、决议、章程中，也要体现于具体的激励制度之中，使之尽快成为核心管理要素之一。

第二，在我国高校教师创新能力的培育中，应重视分配公平感知的基础性驱动作用。在公平理论体系中，分配公平是最早的公平理论，也是基础性的公平驱动要素，体现了最为直接的公平感知，是衍生程序公平、人际公平、信息公平的本源。在高校教师公平感知对创新能力的驱动机制中，尽管程序公平感知、人际公平感知、信息公平感知都发挥了不可忽视的作用，在一些特定场合甚至发挥了超常作用，但它们都要依靠分配公平感知的支撑。如果高校教师缺乏分配公平感知，其他公平感知的激励作用将不复存在。事实上，高校教师公平感知对创新能力的激励存在着层次性，相当一部分教师仅考虑分配公平，对其他公平形式不以为意，或者其他类型公平感知的意识较弱。因此，我国高校在公平激励战略的推进过程中，要充分发挥分配公平感知的基础平台作用，将分配公平感知培育与薪酬改革、职称评审改革、绩效奖惩机制改革等结合起来，优化高校治理模式。

第三，在我国高校公平激励管理中，应注重挖掘人际公平激励和信息公平激励的潜力。我国高校早已开始实施公平激励，并将其融入各种管理规章制度中，对高校教师创新能力的成长产生了一定的驱动作用。然而，由于在实施公平激励时缺乏认识和经验，高校公平激励的重心仍局限于分配公平和程序公平，而在人际公平和信息公平方面较为滞后。我国高校可能已经认识到人际公平激励和信息公平激励缺失的问题，但难以在短时间内有所作为，因为人际公平激励和信息公平激励作用的激活涉及深刻的制度变革。不过，无论如何，我国高校应尽量为人际公平激励和信息公平激励作用的发挥创造有利的条件，通过提升高校教师的人际公平感知和信息公平感知，增强高校教师的教学创新能力和社会服务创新能力，从而增强整体创新能力。

第四，在发挥高校教师公平感知对创新能力的驱动作用时，要重视组织行为优化的支持作用。高校教师公平感知不仅对创新能力具有直接的驱动作用，也能通过组织行为的优化来间接促进创新能力的成长。其中，组织支持和组织认同的作用最为显著。随着高校教师公平感知培育的深化，其他组织行为模式可能愈加重要，但就目前的情况而言，需要重点发挥组织支持和组织认同的支持作用。我国高校教师已获得一定程度的组织支持和组织认同，创新能力也得到了一定的提高，但还存在较大的发展空间。我国高校不仅要重视对高校教师组织支持和组织认同的培育，也要尊重人才个性化和多样化的特点，不能单纯地强调创新能力，避免“一把尺子量到底”，否则会致使创新能力成为无源之水。科技部、教育部等部门联合印发的清理“五唯”专项行动的通知也指出高校需要建立对教师的分类评价标准，有针对性地评价不同类别教师的实绩、贡献和能力。

第五，充分发挥高校领导层在高校教师公平感知的开发中的领头作用。高校教师公平感知的开发受到多种因素的影响，但领导层的示范作用不可低估，应引起领导层的重视。在高校教师公平感知的开发过程中，许多重要问题的解决都需要领导层的协调、决策和引导，许多关键环节的构建都需要领导层的参与、关注和把握。高校领导层不仅要认识到高校教师创新能力培育的重要性，也要认识到公平感知的开发是创新能力培育的核心策略，应该以身作则，严格要求自己，发扬公仆精神，抵制官僚主义的侵袭，避免利用行政身份获得与自身资质不相匹配的教学科研利益，陷入“与民争利”的泥沼。领导层自身要具备公平理念，摒弃特权思想，将自己视为一名普通的高校教师，将领导岗位作为兢兢业业、尽职尽责的平台，切忌因不作为、乱作为、慢作为而导致工作缺位、越位、错位。

参考文献

[1] 罗生全. 新时代教师教育高质量发展大有作为——加快推进高校教师教育者高质量队伍建设 [J]. 高校教育管理, 2022 (9): 12-15.

[2] 王天琪. "双创" 背景下高校教师创新创业教学能力评价体系构建 [J]. 经济研究导刊, 2021 (27): 96-98.

[3] 李颖, 唐晓勇. "双一流" 高校教师在线教学培训实践与模式创新 [J]. 西南交通大学学报 (社会科学版), 2021, 22 (5): 126-134.

[4] 张海涛, 张建军, 青国霞, 等. 绩效考核对研究型高校教师突破性创新的影响 [J]. 财会月刊, 2021 (18): 123-130.

[5] 张亮, 张安龙, 田林超, 等. 高校教师在提高职业道德修养基础上培养学生的创新能力 [J]. 高教学刊, 2021, 7 (22): 39-42.

[6] 贾中海, 祁靖贻. 习近平公平正义思想研究 [J]. 理论探讨, 2018 (5): 27-32.

[7] 连铸淡. 公平理论发展新视角下的高校教师管理 [J]. 福建论坛 (人文社会科学版), 2011 (S1): 155-156.

[8] 刘宇文, 王方. 公平理论视角下高校教师激励机制的挑战与进路 [J]. 湖南工业大学学报 (社会科学版), 2021, 26 (1): 29-35.

[9] 郁隐梅, 姬长英. 高校教师绩效评价中的公平问题探析 [J]. 扬州大学学报 (高教研究版), 2014, 18 (3): 39-42.

[10] 许丹. 公平感视角下高校青年教师绩效阻力研究 [J].

赣南师范大学学报，2017，38（3）：122-127.

［11］卢光莉，陈超然. 高校教师组织公平感对其工作倦怠的影响［J］. 河南大学学报（医学版），2013，32（3）：208-210.

［12］石海梅，杨文博，于海琴. 高校教师工作特征、组织公平感与支持感对职业倦怠的影响研究［J］. 心理研究，2013，6（6）：66-70，80.

［13］陈悦，刘金培. 基于高校教师群体的组织公平、敬业度与工作绩效的关系研究［J］. 齐齐哈尔大学学报（哲学社会科学版），2016（9）：19-23.

［14］宋爱军. 高校组织公平对教师敬业度影响研究——回报满意的中介作用［J］. 天津师范大学学报（社会科学版），2017（1）：54-58.

［15］Rittner J. Design education reform：modeling equity and inclusion in teaching and learning［J］. Design Management Review，2020，31（3）：12-22.

［16］Poekert P E，Swaffield S，Demir E K，et al. Leadership for professional learning towards educational equity：a systematic literature review［J］. Professional Development in Education，2020，46（4）：541-562.

［17］Bunn M，Bennett A. Making futures：equity and social justice in higher education timescapes［J］. Teaching in Higher Education，2020，25（6）：698-708.

［18］刘爱华. 高校青年教师创新能力学术素养培养探究［J］. 中国高校科技，2015（8）：82-83.

［19］叶磊. 新形势下高校创新创业教师队伍建设困境及其对策［J］. 东华大学学报（社会科学版），2020，20（1）：77-80.

［20］张蓉，冯展林. 制度安排下的高校青年教师创新意愿与能力提升对策研究［J］. 科学管理研究，2017，35（6）：89-92.

［21］刘华海. 高校创新创业教育：青年教师实践“短板”与应对［J］. 科研管理，2017，38（S1）：628-632.

［22］王丽亚．高校会展专业校企合作创新研究——基于教师、企业、学生的调查分析［J］．齐鲁师范学院学报，2021，36（4）：1-8.

［23］方阳春，贾丹，方邵旭辉．包容型人才开发模式对高校教师创新行为的影响研究［J］．科研管理，2015，36（5）：72-79.

［24］吴琴，吴大中，吴昕芸．高校青年教师科技创新能力提升对策研究［J］．科学管理研究，2015，33（3）：100-103.

［25］程雄，吕建秋，王利英，等．高校教师参与协同创新的激励机制及对策［J］．科技管理研究，2017，37（9）：125-129.

［26］董彦邦，刘莉．大学教师科研评价的目的、方法、程序对创新行为的影响——基于对 C9 高校部分理工领域的调查［J］．中国科技论坛，2021（1）：24-34.

［27］郭丽莹．高校创新创业教师胜任力指标体系的实证分析——基于全国 12596 名教师样本［J］．南京师大学报（社会科学版），2020（3）：53-62.

［28］孟戡，熊晓春，吴海峰．意愿-沉浸-反哺：高校教师社会实践创新模式构建［J］．豫章师范学院学报，2021，36（3）：71-74.

［29］Huggins R，Prokop D，Thompson P．Universities and open innovation：the determinants of network centrality［J］．The Journal of Technology Transfer，2020，45（3）：718-757.

［30］Charrón Vías M，Rivera-Cruz B．Fostering innovation and entrepreneurial culture at the business school：a competency-based education framework［J］．Industry and Higher Education，2020，34（3）：160-176.

［31］Varma A，Bhalotia K，Gambhir K．Innovating for competitive advantage：managerial risk-taking ability counterbalances management controls［J］．Journal of Management and Governance，2020，24（2）：389-409.

［32］童国良．从激励原理的公平理论来重新认识高校教师课

堂教学的地位和重要性［J］．高教学刊，2015（18）：210-211.

［33］彭宇飞．基于公平与效率的高校教师绩效管理人本选择研究［J］．苏州大学学报（哲学社会科学版），2015，36（6）：138-143.

［34］刘梦婷，高朝阳．互动公平对高校教师责任行为的影响——情感承诺的中介效应［J］．贵州师范学院学报，2018，34（12）：57-62.

［35］Mameli C，Grazia V，Molinari L. Agency，responsibility and equity in teacher versus student-centred school activities：a comparison between teachers' and learners' perceptions［J］. Journal of Educational Change，2020，21（2）：345-361.

［36］Kubota R，Bale J. Bilingualism-but not plurilingualism-promoted by immersion education in Canada：questioning equity for students of english as an additional Language［J］. TESOL Quarterly，2020，54（3）：773-785.

［37］Dorner L M，Cervantes-Soon C G. Equity for students learning english in dual language bilingual education：persistent challenges and promising practices［J］. TESOL Quarterly，2020，54（3）：535-547.

［38］张海峰．基于适度公平的高校教师绩效工资分配体系研究——以中部某省5所地方本科高校为例［J］．华中师范大学学报（人文社会科学版），2015，54（4）：47-55.

［39］迟景明，何志程，陈晓光．组织公平何以影响大学教师组织公民行为？——组织信任的中介作用［J］．国家教育行政学院学报，2021（7）：64-73.

［40］Volery T，Tarabashkina L. The impact of organisational support，employee creativity and work centrality on innovative work behaviour［J］. Journal of Business Research，2021，129：295-303.

［41］王永刚．组织公平、心理契约违背与工作态度——基于“绩效工资”政策背景下高校教师的实证分析［J］．南京理工

大学学报（社会科学版），2012，25（6）：78-85.

[42] 刘兆延，张淑华. 基于匹配视角和交换视角对高校教师组织认同影响因素的研究 [J]. 未来与发展，2020，44（12）：69-75.

[43] Sabay S, Wiles K. How TRIO enhances equity for community college transfer students [J]. New Directions for Community Colleges, 2020, 2020（192）：109-119.

[44] 郝天侠. 高校教师组织支持感、组织情感承诺及组织公民行为关系研究 [J]. 西北大学学报（哲学社会科学版），2011，41（2）：173-175.

[45] 陈莉. 组织认同视角下的高校价值观教育 [J]. 西南交通大学学报（社会科学版），2014，15（5）：100-105.

[46] Stordy J, Zerjav V, Kanjanabootra S. Owner capabilities in the project society: the setting of project-supported organisations [J]. Project Leadership and Society, 2021, 2（9）：100-124.

[47] 马建宏. 基于组织支持下的高校教师专业发展策略研究 [J]. 宁夏大学学报（人文社会科学版），2018，40（2）：190-192.

[48] 杨中华，李亚鑫，向纯洁. 组织支持感对高校科技人员创新行为的影响——心理资本的中介作用 [J]. 科技与经济，2021，34（1）：81-85.

[49] Verčič A T. The impact of employee engagement, organisational support and employer branding on internal communication satisfaction [J]. Public Relations Review, 2021, 47（1）：102-119.

[50] 武莉莉. 高校教师职业认同、组织认同和工作满意度影响因素分析 [J]. 统计与决策，2017（4）：124-126.

[51] 李升，叶霁，苗大雷. 转型期事业单位成员的组织认同研究 [J]. 首都师范大学学报（社会科学版），2018（5）：83-90.

[52] 陶建宏，冯胭. 高校教师人格特质、组织认同与工作倦怠的实证研究——基于西安高校的数据 [J]. 教育导刊，2019（11）：27-33.

[53] 马跃. 个人-组织契合对高校教师敬业度的影响：组织认同的中介作用 [J]. 数学的实践与认识，2020，50（4）：253-262.

[54] Daniel J L, Galasso M. Revenue embeddedness and competing institutional logics: how nonprofit leaders connect earned revenue to mission and organizational identity [J]. Journal of Social Entrepreneurship, 2019, 10 (1): 84-107.

[55] Adams J S. Inequity in social exchange [J]. Advances in Experimental Socical Psychology, 1965, 2: 267-299.

[56] Leventhal G S. What should be done with equity theory? New approaches to the study of fairness in social relationships [M] // Gergen K J, Greenberg M S , Willis R H (Eds). Social Exchange: advances in theory and research. New York: Plenum Press, 1980.

[57] 马迎霜，张昊民，马君. 创新性工作要求对创造力的影响：工作卷入的中介作用及分配公平的调节作用 [J]. 商业经济与管理，2018（2）：37-45.

[58] 麻宝斌，马永强. 分配公平对纳税意愿的影响——政府信任的中介作用分析 [J]. 华南理工大学学报（社会科学版），2019，21（5）：91-100.

[59] Thibaut J, Walker L. A theory of procedure [J]. California Law Review, 1978, 66 (3): 541-566.

[60] Bies R J, Shapiro D L. Voice and justification: their influence on procedural fairness judgments [J]. Academy of Management Journal, 1988 (31): 676-685.

[61] Greenberg J. Organizational justice: yesterday, today and tomorrow [J]. Journal of Management, 1990, 16 (2): 399-432.

[62] Eisenberger R, Huntington R, Hutchison S, et al. Perceived organizational support [J]. Journal of Applied Psychology, 1986, 71 (3): 500-507.

[63] Rhoades L, Eisenberger R. Perceived organizational support: a review of the literature [J]. The Journal of Applied Psychol-

ogy, 2002, 87 (4): 698-714.

[64] Shore L M, Tetrick L E. A construct validity study of the survey of perceived organizational support [J]. Journal of Applied Psychology, 1991, 76 (5): 637-643.

[65] Eisenberger R, Cummings J, Armeli S, et al. Perceived organizational support discretionary treatment and job satisfaction [J]. Journal of Applied Psychology, 1997, 82 (5): 812-820.

[66] 施让龙，张珈祯，黄良志. 员工主动性人格特质、工作热情、知觉组织支持及职涯满意的实证研究 [J]. 管理评论，2017，29 (2)：114-128.

[67] 杨皖苏，杨善林. 分布式领导、组织支持感与新生代员工主动性-被动性创新行为：基于上下级关系和价值观匹配的交互调节效应 [J]. 管理工程学报，2020，34 (3)：10-19.

[68] March Simon. Organization painted in the United States of America [M]. [S. l.]: John Wiley& Sons Inc, 1958.

[69] Ashforth B E, Mael F. Social identity theory and the organization [J]. Academy of Management Review, 1989, 14 (1): 20-39.

[70] Mael F, Ashforth B E. Alumni and their alma mater: a partial test of the reformulated model of organizational identification [J]. Journal of Organizational Behavior, 1992, 13 (2): 103-123.

[71] Dutton J E, Dukerich J M, Harquail C V. Organizational images and member identification [J]. Administrative Science Quarterly, 1994, 39 (2): 239-263.

[72] Akerlof G A, Kranton R E. Identity and the economics of organizations [J]. Journal of Economic Perspectives, 2005, 19 (1): 9-32.

[73] 万红艳. 组织认同研究新进展：基本概念及其形成、整合机制 [J]. 心理与行为研究，2013，11 (3)：425-432.

[74] 周美华，林斌，罗劲博，等. CEO 组织认同能抑制盈余管理吗——来自中国上市公司调查问卷的证据 [J]. 南开管理

评论，2018，21（4）：93-108.

［75］Karasawa M. Toward an assessment of social identity：the structure of group identification and its effects on in-group evaluations［J］. The British Journal of Social Psychology，1991，30（4）：293-307.

［76］Dick R，Wagner U，Stellmacher T，et al. The utility of a broader conceptualization of organizational identification：which aspects really matter？［J］. Journal of Occupational and Organizational Psychology，2004，77（2）：171-191.

［77］魏钧，张勉，杨白寅. 组织认同受传统文化影响吗——中国员工认同感知途径分析［J］. 中国工业经济，2008（6）：118-126.

［78］包特，王国成，戴芸. 面向未来的实验经济学：文献述评与前景展望［J］. 管理世界，2020，36（7）：218-236.

［79］连洪泉，董志强，张沛康. 禀赋效应的行为和实验经济学研究进展［J］. 南方经济，2016（11）：95-112.

［80］洪永淼，方颖，陈海强，等. 计量经济学与实验经济学的若干新近发展及展望［J］. 中国经济问题，2016（2）：126-136.

［81］周业安，王一子. 致力于推动行为与实验经济学的本土化研究——周业安教授访谈［J］. 学术月刊，2017，49（6）：178-184.

［82］罗俊，汪丁丁，叶航，等. 走向真实世界的实验经济学——田野实验研究综述［J］. 经济学（季刊），2015，14（3）：853-884.

［83］应星. 质性研究的方法论再反思［J］. 广西民族大学学报（哲学社会科学版），2016，38（4）：59-63.

［84］陈向明. 质的研究方法与社会科学研究［M］. 北京：教育科学出版社，2000.

［85］Miles M B，Huberman A M. Qualitative data analysis：a sourcebook of new methods［M］.［S. l. ］：Sage Publications，1984.

[86] Shuddery R. From the editors: what grounded theory is not [J]. Academy of Management Journal, 2006, 49 (4): 633-642.

[87] 温忠麟，叶宝娟. 中介效应分析：方法和模型发展 [J]. 心理科学进展，2014，22 (5)：731-745.

[88] 方杰，温忠麟，张敏强，等. 基于结构方程模型的多层中介效应分析 [J]. 心理科学进展，2014，22 (3)：530-539.

[89] 王春超，孙曙涛. 社会认同与歧视的实验经济学研究进展 [J]. 经济学动态，2019 (7)：123-137.

[90] 周业安. 改革开放以来实验经济学的本土化历程 [J]. 南方经济，2019 (1)：1-40.

[91] 丹尼尔·豪瑟，罗卫东. 实验经济学的兴起、发展及其在中国的应用前景 [J]. 浙江大学学报（人文社会科学版），2012，42 (4)：37-46.

[92] 凯西·卡麦兹. 建构扎根理论：质性研究实践指南 [M]. 边国英，译. 重庆：重庆大学出版社，2009.

[93] 王璐，高鹏. 扎根理论及其在管理学研究中的应用问题探讨 [J]. 外国经济与管理，2010，32 (12)：10-18.

[94] Rennie D L. Grounded theory methodology as methodocal hermeneutics [J]. Theory&Psychology, 2000, 10 (4): 481-502.

[95] Glaser B G. The grounded theory perspective: conceptualization contrasted with description [M]. Mill Valley, CA: Sociology Press, 2001.

[96] Hall H G, McKenna L G, Griffiths D L. Applying grounded theory to midwifery research problems [J]. International Journal of Childbirth, 2012, 2 (2): 136-141.

[97] 丁鹏飞，迟考勋，孙大超. 管理创新研究中经典探索性研究方法的操作思路：案例研究与扎根理论研究 [J]. 科技管理研究，2012，32 (17)：229-232.

[98] 孟娟. 心理学扎根理论研究方法 [J]. 吉首大学学报（社会科学版），2008，29 (3)：170-174，176.

[99] 董金秋. 主轴编码方法及其应用中存在的问题 [J]. 社会学, 2011 (2): 29-35.

[100] 冯立刚, 苏庆国. 对扎根理论的现象学方法批判 [J]. 湖南广播电视大学学报, 2020 (3): 50-54.

[101] 贾旭东, 衡量. 扎根理论的“丛林”、过往与进路 [J]. 科研管理, 2020, 41 (5): 151-163.

[102] 吴肃然, 李名荟. 扎根理论的历史与逻辑 [J]. 社会学研究, 2020, 35 (2): 75-98, 243.

[103] 吴继霞, 何雯静. 扎根理论的方法论意涵、建构与融合 [J]. 苏州大学学报 (教育科学版), 2019, 7 (1): 35-49.

[104] 景怀斌. 扎根理论编码的“理论鸿沟”及“类故理”跨越 [J]. 武汉大学学报 (哲学社会科学版), 2017, 70 (6): 109-119.

[105] 靳娟. 我国高校教师心理资本研究综述 [J]. 中国政法大学学报, 2021 (5): 65-73.

[106] Szabo T G. Equity and diversity in behavior analysis: lessons from skinner (1945) [J]. Behavior Analysis in Practice, 2020, 13 (2): 375-386.

[107] 李军, 刘曼, 李汉. 组织公平感视角下高校教师薪酬水平对工作绩效的影响研究 [J]. 湖南师范大学社会科学学报, 2013, 42 (6): 83-90.

[108] 潘静洲, 唐子阳, 张光磊, 等. 领导-下属交换关系差异化基础对分配公平氛围及团队绩效的影响 [J]. 南开管理评论, 2021, 24 (1): 202-212, 267-269.

[109] Francis P, Broughan C, Foster C, et al. Thinking critically about learning analytics, student outcomes, and equity of attainment [J]. Assessment & Evaluation in Higher Education, 2020, 45 (6): 811-821.

[110] 余荔. 校外兼职对我国高校教师科研产出的影响 [J]. 科研管理, 2021, 42 (11): 182-189.

［111］王萍，孙聘依，章云快．心理距离对知识共享的影响：分配公平和程序公平的三重调节效应［J］．人类工效学，2020，26（3）：53-59.

［112］McCandless S，Ronquillo J C. Social equity inprofessional codes of ethics［J］. Public Integrity，2020，22（5）：470-484.

［113］吴画斌，王侦．基于协同理论视域下高校教师创新创业能力培养机制探索［J］．未来与发展，2020，44（12）：101-104.

［114］Montani F，Torres C，Ferreira M C，et al. Self-image goals，compassionate goals and innovative work behavior：the role of organizational support for innovation across countries［J］. Journal of Business Research，2021，137：588-600.

［115］潘曦．基于创造角色认同的高校创新氛围对教师创造性的影响研究［J］．北京化工大学学报（社会科学版），2015（3）：91-95，87.

［116］Lavrijsen J，Nicaise I. Ascription，achievement，and perceived equity of educational regimes：an empirical investigation［J］. Social Sciences，2016，5（4）：1-18.

［117］严姝婷，樊传浩．支持性组织氛围对科技人员主动创新行为影响研究：自我决定感与分配公平的作用［J］．技术经济，2020，39（5）：60-67.

［118］Williams T G，Guikema S D，Brown D G，et al. Resilience and equity：quantifying the distributional effects of resilience-enhancing strategies in a smallholder agricultural system［J］. Agricultural Systems，2020，182（9）：112-122.

［119］张峰，耿晓伟．组织政治知觉对乡村教师离职意向的影响：组织公平和组织认同的中介作用［J］．心理与行为研究，2018，16（5）：678-683.

［120］王艇，郑全全，王国猛．互动公平为何能够影响对组织的公民行为：领导原型化和组织认同的作用［J］．管理工程学报，2018，32（4）：71-78.

[121] 徐光，黄莹，谭玲玉. 信息公平与员工知识分享：组织认同的中介作用和公平敏感性的调节作用 [J]. 中国软科学，2020 (S1)：125-132.

[122] Munawir M, Raharjo K, Djalil M A, et al. Dimensions of identity strength and organizational citizenship behavior (OCB) in establishing good university governance and performance of religious ideology-based higher educations [J]. Journal of Applied Research in Higher Education, 2019, 11 (2): 250-272.

[123] 石永东，马晓辉，潘伟，等. 不确定性环境下组织支持对组织转型的影响机制研究 [J]. 管理学报，2020，17 (9)：1308-1317.

[124] Asghar M, Tayyab M, Gull N, et al. Polychronicity, work engagement, and turnover intention: the moderating role of perceived organizational support in the hotel industry [J]. Journal of Hospitality and Tourism Management, 2021, 49: 129-139.

[125] 黄勇，杨洁，胡赛赛. 组织支持感与员工创造力——相对组织支持感和情感承诺的影响 [J]. 贵州财经大学学报，2020 (5)：80-87.

[126] Raza B, St-Onge S, Ali M. Consumer aggression and frontline employees' turnover intention: the role of job anxiety, organizational support, and obligation feeling [J]. International Journal of Hospitality Management, 2021, 97: 103-105.

[127] 黄丹，唐滢，宋赛熙，等. 高校教师流动失衡的理性思考 [J]. 云南农业大学学报（社会科学版），2021，15 (3)：139-144.

[128] 简浩贤，徐云飞，曹曼，等. 基于组织认同视角的包容性领导与员工敬业度关系研究 [J]. 管理学报，2017，14 (11)：1624-1630.

[129] 王丽娜，叶龙，杨征. 技术员工组织认同对员工报酬增长、能力发展及开拓精神的差异化影响——基于工作投入的中

介作用［J］．东岳论丛，2021，42（2）：49-58.

［130］温忠麟，叶宝娟．测验信度估计：从 α 系数到内部一致性信度［J］．心理学报，2011，43（7）：821-829.

［131］李欣，石文典．内部效度、外部效度及其关系［J］．心理研究，2009，2（1）：9-12.

附录　调查问卷

敬启者： 　　您好！这是一份调查我国高校教师公平感知对创新能力驱动路径的调查问卷，仅应用于学术研究，请您百忙之中抽取一些宝贵时间给予帮助，非常感谢！ 　　本调查绝不泄露被调查者的个人和单位信息，调查数据仅用于理论模型的检验，绝不作他用！

您所在的高校：　　　　　　　　　　院校属性分布：

您的年龄：　　　　　　您的职称：　　　　　　您的从业时间：

您的学位：　　　　　　您的专业：　　　　　　您的职务级别：

您近3年累计横向经费额度（万元）：

您近3年累计纵向经费额度（万元）：

【填写说明】本次调查是为了评价高校教师公平感知、组织认同、组织支持、创新能力各类项目的重要程度、符合程度以及指标性能的高低，问卷将其划分为7个等级。请根据您的认知、经验、阅历来判断被调查对象在不同项目下的重要程度或符合程度，并在相应的等级尺度上打“√”。

1. 高校教师公平感知测度问卷

（1）分配公平感知

题项或指标	不存在 ←——→ 存在 1	2	3	4	5	6	7
与国内同类高校、学院和专业相比，你认为自己的工资收入是公平的	□	□	□	□	□	□	□
与国内同类高校、学院和专业相比，你认为自己的课时薪酬收入是公平的	□	□	□	□	□	□	□

续表

题项或指标	不存在 ←→ 存在 1	2	3	4	5	6	7
与国内同类高校、学院和专业相比，你认为自己的科研奖励收入是公平的	□	□	□	□	□	□	□
与国内同类高校、学院和专业相比，你认为自己的职工福利收入是公平的	□	□	□	□	□	□	□
与国内同类高校、学院和专业相比，你认为自己的社会服务收入是公平的	□	□	□	□	□	□	□

（2）程序公平感知

题项或指标	不存在 ←→ 存在 1	2	3	4	5	6	7
你认为所在学校的工资、绩效、奖励、福利制度的设计和实施过程是公平的	□	□	□	□	□	□	□
你认为所在学校的职称晋升制度的设计和实施过程是公平的	□	□	□	□	□	□	□
你认为所在学校的职务晋升制度的设计和实施过程是公平的	□	□	□	□	□	□	□
你认为所在学校的荣誉授予制度的设计和实施过程是公平的	□	□	□	□	□	□	□
你认为所在学校的国内外培训进修选拔的制度设计和实施过程是公平的	□	□	□	□	□	□	□

（3）人际公平感知

题项或指标	不存在 ←→ 存在 1	2	3	4	5	6	7
你认为自己的教学成果受到学校、学院、系（所）领导的应有尊重	□	□	□	□	□	□	□
你认为自己的科研成果受到学校、学院、系（所）领导的应有尊重	□	□	□	□	□	□	□
你认为自己的社会服务成果受到学校、学院、系（所）领导的应有尊重	□	□	□	□	□	□	□

续表

题项或指标	不存在 ←——→ 存在 1	2	3	4	5	6	7
你认为自己所在的学校、学院、系（所）充满民主、关爱、平等的组织氛围	□	□	□	□	□	□	□
你认为自己的价值观、人生观、世界观受到各级领导的引导、教诲和尊重	□	□	□	□	□	□	□

（4）信息公平感知

题项或指标	不存在 ←——→ 存在 1	2	3	4	5	6	7
你认为所在学校的工资、绩效、奖励、福利分配制度的相关信息是公开透明的	□	□	□	□	□	□	□
你认为所在学校的职称晋升制度的设计和实施的相关信息是公开透明的	□	□	□	□	□	□	□
你认为所在学校的职务晋升制度的设计和实施的相关信息是公开透明的	□	□	□	□	□	□	□
你认为所在学校的国内外培训进修选拔制度的设计和实施的相关信息是公开透明的	□	□	□	□	□	□	□
你认为学校、学院、系（所）的财务支出信息是公开透明的	□	□	□	□	□	□	□

2. 高校教师组织支持测度问卷

（1）组织公正

题项或指标	不存在 ←——→ 存在 1	2	3	4	5	6	7
你认为所在学校在教师遴选、入职、考核方面不存在暗箱操作	□	□	□	□	□	□	□
你认为所在学校和学院的教学和科研规章制度都符合高等教育发展的需求	□	□	□	□	□	□	□
你认为所在学校的组织结构灵活高效，能够适应外部社会环境的变化	□	□	□	□	□	□	□

续表

题项或指标	不存在 ←→ 存在 1	2	3	4	5	6	7
你认为所在学校的职称晋升制度和职务晋升制度在设计和实施中充满着正义感	□	□	□	□	□	□	□
你认为所在的学校在学生招生、考试、论文审阅、答辩、就业安排等方面不存在舞弊行为	□	□	□	□	□	□	□

（2）领导支持

题项或指标	不存在 ←→ 存在 1	2	3	4	5	6	7
你认为所在学校的领导能够合理关注自己的工作付出和贡献	□	□	□	□	□	□	□
你认为所在学院的领导能够明察自己的工作付出和价值奉献	□	□	□	□	□	□	□
你认为所在系（所）的领导能够真心鼓励和激发自己的工作热情	□	□	□	□	□	□	□
你认为领导层能够主动关心自己的利益，并尽力解决各种日常生活困难	□	□	□	□	□	□	□
你认为所在学校和学院的领导不存在官僚主义的习气和行为	□	□	□	□	□	□	□

（3）组织奖励

题项或指标	不存在 ←→ 存在 1	2	3	4	5	6	7
你认为自己的教学付出能够得到学校、学院、系（所）的合理表彰或奖励	□	□	□	□	□	□	□
你认为自己的科研付出能够得到学校、学院、系（所）的合理表彰或奖励	□	□	□	□	□	□	□
你认为自己的社会服务付出能够得到学校、学院、系（所）的合理表彰或奖励	□	□	□	□	□	□	□

续表

题项或指标	不存在 ←→ 存在 1	2	3	4	5	6	存在 7
你认为学校内部各种奖励制度具有公开公正无偏性	□	□	□	□	□	□	□
你认为各级政府、教育机构、社会组织对高校教师的奖励制度具有公开公正无偏性	□	□	□	□	□	□	□

（4）工作条件

题项或指标	不存在 ←→ 存在 1	2	3	4	5	6	存在 7
你认为所在学校和学院的教学条件能够基本满足自己的教学需求	□	□	□	□	□	□	□
你认为所在学校和学院的科研条件能够基本满足自己的科研需求	□	□	□	□	□	□	□
你认为所在学校和学院的综合条件能够有效地支持自己的社会服务活动	□	□	□	□	□	□	□
你认为所在学校的各级领导能够主动解决自己在工作中所遇到的各种特殊困难	□	□	□	□	□	□	□
你认为所在学校能够充分利用各种资源，最大程度地改善工作环境	□	□	□	□	□	□	□

3. 高校教师组织认同测度问卷

（1）他人认同

题项或指标	不存在 ←→ 存在 1	2	3	4	5	6	存在 7
你认为同事的价值理念、工作理念、生活理念与自己相一致	□	□	□	□	□	□	□
你认为同事的工作目标、努力方向、职业规划与自己相一致	□	□	□	□	□	□	□
你认为自己与同事之间存在真挚的、有助于自己身心健康的友情	□	□	□	□	□	□	□

续表

题项或指标	不存在 ←→ 存在 1	2	3	4	5	6	7
你认为自己的同事为学校、学院、系（所）的发展做出了应有的贡献	□	□	□	□	□	□	□
你认为同事的工作理念和生活情趣可以为自己提供良好的启迪	□	□	□	□	□	□	□

（2）系（所）认同

题项或指标	不存在 ←→ 存在 1	2	3	4	5	6	7
你认为系（所）的领导能够以身作则、兢兢业业，起到良好的带头作用	□	□	□	□	□	□	□
你愿意树立与所在系（所）的发展目标相一致的发展目标	□	□	□	□	□	□	□
你认为自己对所在的系（所）存在深深的依恋感	□	□	□	□	□	□	□
你真心希望自己所在的系（所）欣欣向荣，而不是对（系）所的发展持冷漠旁观态度	□	□	□	□	□	□	□
你认为系（所）的工作氛围有助于促进自己的成长和发展	□	□	□	□	□	□	□

（3）学院认同

题项或指标	不存在 ←→ 存在 1	2	3	4	5	6	7
你认为学院领导的领导风格、业务素养、思想品德有助于学院的发展	□	□	□	□	□	□	□
你愿意更新自己的发展目标，以便与学院的发展目标相一致	□	□	□	□	□	□	□
你认为自己的工作和生活已经融入学院的大家庭之中	□	□	□	□	□	□	□
你愿意为学院的发展积极谏言，而不是持“事不关己、高高挂起”的态度	□	□	□	□	□	□	□

续表

题项或指标	不存在 ←→ 存在 1	2	3	4	5	6	7
你认为学院的文化环境可以为自己的业务开展和全面发展创造有利的文化条件	□	□	□	□	□	□	□

（4）学校认同

题项或指标	不存在 ←→ 存在 1	2	3	4	5	6	7
你认为学校领导的战略视野、思维模式、品行修养与其担任的职务相符	□	□	□	□	□	□	□
你愿意调整自己的个人发展目标，以便更好地为学校发展做出贡献	□	□	□	□	□	□	□
你在任何环境下都会尽力维护所在学校的社会声誉，并积极树立良好的社会形象	□	□	□	□	□	□	□
你在合适的场合能够以主人翁的精神来思考学校的长远发展规划	□	□	□	□	□	□	□
你认为学校的发展思维和价值理念可以为自己的成长引领方向	□	□	□	□	□	□	□

4. 高校教师创新能力测度问卷

（1）教学创新能力

题项或指标	不存在 ←→ 存在 1	2	3	4	5	6	7
贵单位教师善于对教学方法进行改革，不断合理探索和应用新的教学模式	□	□	□	□	□	□	□
贵单位教师善于利用新的教学设备，能够最大限度地发挥各种教学设备的功能	□	□	□	□	□	□	□
贵单位教师善于编写、选择、改进教材，以最大程度地满足教学需求	□	□	□	□	□	□	□
贵单位教师不断探索、改进和应用国际化教学模式，逐步提升自己的国际化教学能力	□	□	□	□	□	□	□

续表

题项或指标	不存在 ←→ 存在 1	2	3	4	5	6	7
贵单位教师善于吸收、“反刍”、应用国内外各种新的教学思想，不断充实自己的教学理念	□	□	□	□	□	□	□

（2）科研创新能力

题项或指标	不存在 ←→ 存在 1	2	3	4	5	6	7
贵单位教师善于开拓、借鉴、试用最新的科研方法，以不断提高自己的科研效率	□	□	□	□	□	□	□
贵单位教师善于提升自己的科研设备应用能力，以充分发挥科研设备的功能	□	□	□	□	□	□	□
贵单位教师善于追踪和发现学科研究的前沿热点，以保持自己科研工作的领先性	□	□	□	□	□	□	□
贵单位教师善于修炼自己的国际化科研交流能力，以不断推进高校与国际前沿接轨	□	□	□	□	□	□	□
贵单位教师善于引入、消化、吸收国内外各种新的科研理念，以不断更新自己的科研理念	□	□	□	□	□	□	□

（3）社会服务创新能力

题项或指标	不存在 ←→ 存在 1	2	3	4	5	6	7
贵单位教师在社会上善于介绍、推广、宣传自己的专业技术、知识、产品、专利等，以树立良好的社会形象	□	□	□	□	□	□	□
贵单位教师在社会上善于寻找合适的社会服务合作对象，以充分施展自己的知识技能	□	□	□	□	□	□	□

续表

题项或指标	不存在 ←→ 存在 1	2	3	4	5	6	7
贵单位教师能够设身处地地考虑合作方的需求，力争为政府机关、企业、研究机构、军工部门等合作单位圆满解决关键性的技术难题或提供关键参考决策	□	□	□	□	□	□	□
贵单位教师有针对性地培育和开发自己的各种国际化服务能力，以适应我国的国际化战略发展方向和目标	□	□	□	□	□	□	□
贵单位教师善于吸收、尝试、应用各种前沿性的社会服务理念，以不断提升自己的社会服务素养	□	□	□	□	□	□	□